ESSAI
SUR LA QUALITÉ
DES
MONNOIES ÉTRANGÈRES
ET
SUR LEURS DIFFÉRENS RAPPORTS
AVEC LES
MONNOIES DE FRANCE,
SUIVI DE TABLES

Qui indiquent la valeur intrinsèque des Monnoies étrangères courantes & anciennes, contenues dans le Médaillier monétaire du Roi, & essayées à Paris.

Par M. MACÉ DE RICHEBOURG, *Inspecteur de M.rs les Élèves de l'École Royale - Militaire.*

A PARIS,
DE L'IMPRIMERIE ROYALE.

M. DCCLXIV.

INTRODUCTION.

L E. Médailler monétaire du Roi n'avoit offert jusqu'ici d'objet qu'à une curiosité stérile, qui s'étoit bornée à connoître la forme & l'empreinte que chaque Souverain avoit fait donner aux Monnoies courantes dans ses États. On a jugé que le Public pouvoit en retirer une utilité plus solide, si on lui faisoit connoître le poids & le titre des monnoies étrangères qui composent cette collection : c'est pour lui procurer les avantages qui peuvent lui revenir de cette connoissance, qu'on a fait essayer toutes ces espèces avec le plus grand soin en présence des Commissaires de la Monnoie de Paris.

C'est le résultat de ces opérations qu'on donne ici au Public.

Les Tables qu'on lui présente, & dans lesquelles on a réduit à notre poids & à notre façon de compter toutes les monnoies essayées, feront voir au premier coup d'œil quel est le poids des monnoies étrangères, & les titres différens auxquels elles sont fabriquées; cette connoissance suffit pour s'assurer de leur valeur intrinsèque.

Il y a deux valeurs dans la monnoie; la valeur intrinsèque & la valeur numéraire.

La valeur intrinsèque n'est autre chose que le poids & le titre de l'or & de l'argent; elle tient essentiellement à la nature de ces métaux; elle est invariable & la même dans tous les pays.

Il n'en est pas de même de la valeur numéraire; elle est différente chez toutes les Nations; elle peut augmenter ou diminuer au gré des Souverains.

Pour trouver le juste rapport de la monnoie d'un pays avec la monnoie d'un autre pays, il est donc nécessaire de calculer sur la valeur intrinsèque : tous les calculs que l'on feroit sur la valeur numéraire seroient fautifs ou sujets au changement comme elle.

D'après ces principes, dont on se propose de démontrer la vérité, on a pris la valeur physique ou intrinsèque des monnoies, pour base de l'essai qu'on donne ici, sur les différens rapports des monnoies étrangères avec celles de France : on a choisi, préférablement à tous les autres États, ceux d'Espagne & de Portugal, comme les dépositaires des mines, sources d'où l'or & l'argent se répandent dans toute l'Europe; & l'Angleterre & la Hollande, comme les États qui attirent, en concurrence avec nous, le plus de ces métaux par leur industrie & par leur commerce.

On se proposoit de faire un pareil modèle pour tous les pays commerçans, mais il a semblé plus convenable de donner cet essai au Public avant de continuer l'Ouvrage, & de consulter par cette voie les personnes éclairées, pour s'assurer si l'on a réussi dans le choix de la méthode que l'on a adoptée, ou pour en suivre une autre, s'il en est une meilleure.

La personne qui a été chargée de ce travail n'a point assez de confiance dans ses lumières pour se flatter d'avoir atteint le vrai but; contente d'avoir fait des efforts pour y parvenir, elle verra avec plaisir que quelque personne plus instruite donne la dernière main à ce qu'elle n'aura qu'imparfaitement ébauché : elle recevra avec reconnoissance tous les avis qu'on voudra lui donner pour réformer & corriger, en tout ou en partie, un ouvrage que le seul amour du bien public lui a fait entreprendre.

Avant d'entrer dans le détail de l'essai qu'on donne ici, il semble qu'il est important d'établir la distinction qu'on doit faire de la valeur numéraire & de la valeur intrinsèque, & de démontrer par des principes puisés dans la Nature, que la valeur intrinsèque est la seule qu'on doive considérer dans la monnoie.

Le commerce n'étoit originairement & n'est encore aujourd'hui qu'un échange des différentes productions de la Nature ou de l'Art.

A mesure que les objets servant à ces échanges se sont multipliés, leur appréciation réciproque est devenue plus difficile : on a senti la nécessité de trouver un terme commun de proportion, au moyen duquel il fût possible de fixer les valeurs réciproques des productions que l'on voudroit échanger; mais il étoit néceffaire que ce terme de proportion (appréciateur commun) fût parfaitement le même dans tous les lieux, & univerfellement répandu.

L'art ne pouvoit point produire un objet qui fût conftamment & univerfellement le même.

Les productions extérieures de la Nature étant prefque toujours dépendantes de la différence des climats, ne préfentoient pas davantage cette uniformité qui devoit établir une valeur conftante & égale dans tous les lieux.

Les entrailles de la terre étoient feules en état de fournir au commerce un objet de qualité invariable, qui n'eût qu'une effence, & duquel la création & la durée fût toujours la même.

L'or & l'argent font les deux feuls métaux que l'on a pu rapprocher de ce point de perfection qui demeure toujours un en tous lieux, & qui n'admet plus de fupériorité.

La quantité d'or ou d'argent, égale en poids & en titre à une autre quantité, a néceffairement une même valeur intrinfèque dans tous les lieux du monde.

La facilité du tranfport de ces métaux, jointe à leur incorruptibilité, les a répandus univerfellement dans tout le monde échangeur ou commerçant.

Ils font devenus la mefure commune de tous les échanges, & la repréfentation conftante de toutes les valeurs réelles; c'eft-à-dire une mefure commune fervant à apprécier toutes les productions de l'Art ou de la Nature.

L'or & l'argent devenus la mefure des échanges entre les différens peuples, fe trouvèrent auffi employés à cet ufage entre les fujets d'un même État; mais pour faciliter cet ufage, & pour obvier à l'embarras où l'on eût été de vérifier, lors de chaque échange, le poids & le titre de la matière repré-fentative des valeurs réelles, on penfa qu'il étoit convenable de fixer le poids & le titre que devroient avoir les morceaux d'or & d'argent qui ferviroient aux échanges entre les fujets d'un même État.

Chaque Nation ayant un gouvernement différent, il n'étoit pas poffible qu'une feule fît exécuter chez les autres la loi qu'elle auroit faite dans cet objet.

On vit donc paroître autant de règles particulières qu'il y avoit de Nations commerçantes. Chacune fixa quel devroit être le poids & le titre de ces métaux, pour les échanges qui s'exécuteroient dans l'étendue de fa domination.

Ces loix particulières, & différentes les unes des autres quant aux quotités fixées, opérèrent néanmoins les heureux effets d'une loi générale, parce qu'elles fe réunirent toutes dans un point principal, qui étoit de fixer le poids & le titre qui devroit avoir cours chez chacune d'entr'elles.

Il ne fut plus néceffaire de vérifier, lors de chaque échange, le poids & le titre de la matière repréfentative de la valeur que l'on échangeoit; les poids & les titres de chaque Nation étoient connus; le commerce devint fûr & facile.

Pour maintenir l'exécution des règles qui fixoient chez chaque Nation le poids & le titre des pièces ou morceaux d'or & d'argent deftinés à faciliter les échanges, il fut néceffaire d'en charger des perfonnes de confiance, lefquelles euffent feules le droit de les diftribuer au peuple au nom de leurs Princes, & d'y appofer l'empreinte caractériftique de leur poids & de leur titre.

C'eft à cette néceffité que l'on doit l'établiffement de tous les Hôtels des monnoies.

L'alliage que l'on mêla à l'or & à l'argent, lorfqu'on en fabriqua la monnoie, ne fut point cenfé faire partie de la valeur repréfentative des valeurs réelles; le feul or & le feul argent fin furent regardés comme le figne de ces valeurs: c'eft cet or & cet argent, dégagé de tout alliage, qui conftitue la valeur phyfique ou intrinfèque de la monnoie.

Dès le temps où l'or & l'argent ont fervi de mefure aux échanges, & même dans des temps encore bien moins éloignés des nôtres, on ne connoiffoit de valeur numéraire dans la monnoie que la fubdi-vifion du marc ou de la livre, en quoi elle fe rapprochoit en quelque façon de la valeur intrinfèque; au lieu que de nos jours la valeur numéraire n'a rien que d'idéal, puifque les Princes qui ont le droit de faire frapper des monnoies, peuvent fixer à leur choix, & fans un véritable rapport au poids, la valeur numéraire fuivant laquelle telle mefure d'or ou d'argent aura cours dans l'étendue de leurs domi-nations; & cette valeur étant arbitraire, ils peuvent la hauffer ou la diminuer fuivant les circonftances

& leur volonté : c'eſt ainſi que le même marc d'argent monnoyé, qui n'avoit cours que pour vingt-huit livres à la mort de Louis XIV, c'eſt-à-dire en 1715, a été compté depuis, comme il l'eſt encore aujourd'hui, pour quarante-neuf livres ſeize ſous.

Le pouvoir des Souverains ne s'étend pas de même ſur la valeur phyſique ou intrinsèque de la monnoie : cette valeur tient à la nature même de l'or & de l'argent, ou pluſtôt elle ne fait qu'une même choſe avec ces métaux ; c'eſt la quantité de parties de matière pure & dégagée de tout alliage, contenues dans telle ou telle pièce de monnoie, qui en fait la valeur intrinsèque : cette valeur eſt la ſeule invariable, la ſeule qui ſoit par-tout la même, & qui ſoit par-tout indépendante des circonſtances des temps & du caprice des hommes.

Il eſt très-important de bien diſtinguer ces deux valeurs dans la monnoie.

D'après ce qu'on a dit de l'une & de l'autre, il eſt aiſé de ſe convaincre que la valeur intrinsèque de la monnoie eſt la ſeule qui exiſte véritablement par elle-même.

En effet, ce n'eſt point la valeur numéraire, c'eſt le nombre de parties de fin contenues dans quelque monnoie que ce puiſſe être, qui ſont comptées repréſenter une valeur quelconque : c'eſt ſeulement par la quantité de parties de fin, & non par la valeur arbitraire attribuée à la monnoie, que la Nation étrangère meſure la quantité des productions de la Nature ou de l'Art qu'elle doit fournir ; il lui importe peu que nous donnions au marc d'or ou d'argent monnoyé une valeur numéraire double de celle pour laquelle il eſt compté aujourd'hui : car, ſuppoſé que cette valeur, qui eſt actuellement de quarante-neuf livres ſeize ſols pour le marc d'argent monnoyé, fût portée à cent livres, l'étranger demanderoit quatre-vingts livres de l'effet qu'il nous fourniroit, & qu'il auroit donné avant la hauſſe pour quarante livres ; parce qu'il ne regarde comme la meſure de ce qu'il fournit qu'une quantité déterminée de parties de fin, qui étoit repréſentée avant la hauſſe par quarante livres idéales ou numéraires, & qui ne l'eſt plus depuis que par quatre-vingts livres.

Il faut ſe ſouvenir que quand on parle de la valeur intrinsèque de l'or ou de l'argent, on n'entend que les parties de matière pure, & que l'on ne compte jamais les parties étrangères qui pourroient être jointes ou alliées à ces métaux. Il eſt donc égal à la Nation étrangère d'être payée avec un nombre de pièces monnoyées plus ou moins peſantes, pourvu qu'elle reçoive intrinsèquement la quantité d'or ou d'argent qui fait la meſure des productions de l'Art ou de la Nature qu'elle a fournies.

Il n'eſt pas moins vrai que c'eſt cette valeur intrinsèque qui doit faire la baſe du change dans le commerce.

Le change n'eſt qu'une créance que celui qui fait la lettre de change vend, cède & tranſporte à l'acquéreur : cette créance, telle qu'elle ſoit, eſt repréſentée dans les lieux où elle doit être payée, par un nombre de grains de poids en matière d'or ou d'argent pur, qui ſert d'objet à la négociation. L'acquéreur en paye la valeur à ſon cédant, lorſqu'il lui compte réellement le même nombre de grains de poids en matière pure qu'il doit recevoir en pays étranger, quoiqu'il le faſſe avec des eſpèces qui aient une autre dénomination que celles qu'il recevra en payement, & il le fait avec perte ou avec gain, lorſqu'il lui paye plus ou moins de grains en matière pure, qu'il n'en doit recevoir en pays étranger.

Toute la ſcience des négociations de change ſe réduit donc à opérer de façon qu'on puiſſe recevoir une quantité de grains de fin égale à celle qu'on donne. On calcule, il eſt vrai, ſur les dénominations des eſpèces ; mais toujours ſur le fondement & d'après la connoiſſance que l'on a de la valeur intrin-sèque de chacune d'entr'elles ; c'eſt-à-dire, du nombre de grains de fin qu'elles contiennent.

C'eſt donc la ſeule valeur intrinsèque des monnoies qui ſert réellement de meſure aux échanges & aux changes dans le commerce. On ne peut donc compter ſûrement qu'en prenant cette valeur pour règle, parce que c'eſt la ſeule qui ſoit invariable & qui ſoit par-tout la même.

Si toutes les Nations n'avoient qu'un même poids pour les matières d'or & d'argent, & que leurs différentes monnoies fuſſent fabriquées à un même titre, quoiqu'avec une empreinte & une dénomination différentes, bien-tôt on ne compteroit plus que par grains de fin. Si, pour rendre le commerce encore plus aiſé, on faiſoit appoſer ſur l'une des empreintes de chaque pièce un caractère qui exprimât le nombre de grains de fin qui y feroient contenus, il n'y auroit plus qu'une monnoie univerfelle qui feroit commune à tous les peuples du Monde. Une pièce de monnoie qui contiendroit un nombre de parties de fin égal à celui qui feroit contenu dans une autre pièce, feroit dans une parité exacte avec cette pièce; car, en fuppofant qu'un crown d'Angleterre contînt cinq cents grains de poids en matière pure, il auroit la même valeur intrinsèque qu'un écu de France, qui contiendroit aussi cinq cents grains de poids en matière pure; & il feroit égal à celui qui devroit recevoir cinq cents grains de poids d'argent fin en payement de ce qu'il auroit fourni, d'être payé avec un écu de France ou un crown d'Angleterre, puifque ces deux pièces contiendroient également cette quantité de grains, n'ayant entr'elles qu'une même valeur intrinsèque; c'eft-à-dire, un même poids & un même titre, quoiqu'avec une dénomination différente.

En effet, il importeroit peu qu'on appelât en France un louis-d'or ce que l'on nomme en Angleterre une guinée. Si l'on trouvoit que les pièces d'or dénommées par ces différentes expreffions continffent également environ cent quarante grains de poids en matière pure, dès-lors on les confidéreroit en parité & comme repréfentant une quantité égale de valeur réelle, de même que fi elles ne formoient enfemble qu'une feule & même monnoie qui auroit une même dénomination.

Si toutes les Nations pouvoient s'accorder fur un point auffi effentiel, combien d'abus ne verroit-on pas difparoître ! Les changes ne ferviroient plus de prétexte ou de voile à des gains arbitraires: on fauroit qu'un marc d'argent pur devroit être payé chez l'étranger par un marc d'argent pur; il ne refteroit plus à allouer à ceux qui feroient chargés de faire les payemens hors du royaume, que les frais de tranfport & leur commiffion fur un objet connu.

On n'entendroit plus des gens peu inftruits fe plaindre de ce que le louis de France perd un tiers de fa valeur en paffant en Allemagne; la valeur intrinsèque de l'or & de l'argent leur feroit connue; ils fauroient que le louis contenant cent trente-huit grains de poids en matière pure, & l'écu cinq cents trois grains auffi en matière pure, ils ne perdroient rien en prenant en échange de leur louis une ou plufieurs monnoies d'or qui contiendroient une égale quantité de grains de fin; & de même pour l'écu, fi on leur donnoit en échange une ou plufieurs monnoies d'argent qui continffent cinq cents trois grains de poids en matière pure. Ils ne feroient plus embarraffés par la multiplicité des monnoies, par leurs dénominations, par leurs poids & par leurs titres différens : ils n'auroient plus befoin de recourir à un calcul gênant & difficile, pour trouver le rapport de la monnoie étrangère avec celle de leur pays; quelque dénomination que chaque Prince eût donnée à fa monnoie, ils ne s'attacheroient qu'à la feule chofe qui ne pourroit point les tromper, c'eft-à-dire, à la valeur intrinsèque ou au nombre de grains de fin qui y feroient contenus: chacun de ces grains de fin ayant une même valeur dans tous les pays du Monde, tous les calculs fe réduiroient à en recevoir un nombre égal à celui que l'on donneroit. Ils fauroient qu'on ne leur furferoit point chez l'étranger en leur demandant mille grains de poids d'argent pur, pour une marchandife dont ils auroient befoin, & qu'ils auroient payée douze livres ou deux écus en France, parce que ces deux écus contiennent mille grains de poids en matière pure.

La même facilité fe trouveroit dans les négociations de change; le change de royaume à royaume deviendroit auffi aifé que le change de place en place, dans un même État, où toutes les monnoies ont une même valeur, & où l'on donne une fomme d'argent pour une lettre de change, au moyen de laquelle on devra être payé d'une fomme égale dans une autre place. Je dis une fomme égale, fi la négociation a été faite au pair, car elle peut fe faire auffi avec perte ou avec gain pour le donneur de fonds; ce qui dépend ordinairement du plus ou du moins qu'une des deux places fe trouve devoir à l'autre, au moment que fe fait la négociation, & auffi du terme qui fe trouve ftipulé dans la lettre de change, pour fixer la date à laquelle le payement doit être exécuté; mais on calcule toujours la perte ou le gain fur la valeur connue des efpèces, qui eft la même dans les deux places.

De même, la quantité de grains de poids, en matière pure, ferviroit d'objet à la négociation dans les changes de royaume à royaume; l'acquéreur en payeroit la valeur à fon cédant, lorfqu'il lui compteroit réellement le même nombre de grains de poids qu'il devroit recevoir en pays étranger; il pourroit auffi fe faire qu'il négociât avec perte ou avec gain, felon le plus ou le moins que l'un des deux royaumes se trouveroit devoir à l'autre, au moment que se feroit la négociation, & aussi suivant le terme qui se trouveroit stipulé dans la lettre de change, pour fixer la date à laquelle le payement devroit être exécuté.

On adopteroit dans les négociations de change l'expression générale de grains de poids en matière pure, & on exprimeroit par un tant pour cent le gain ou la perte de l'acquéreur de la créance: on ne se trouveroit plus dans la nécessité de connoître les différentes dénominations, & la subdivision des espèces de tous les pays avec lesquels on peut être dans le cas d'opérer quelque négociation.

On s'exprimeroit par marcs & par grains de fin dans les Traités de commerce & dans ceux où il s'agiroit de quelqu'intérêt pécuniaire entre les Puissances: par ce moyen nous serions assurés de recevoir exactement les sommes que les Étrangers se seroient obligés à nous fournir, & les droits qui auroient été fixés sur leurs marchandises lors de leur entrée dans le royaume, parce que ces sommes & ces droits seroient arrêtés, non pas d'après la valeur numéraire du marc d'argent monnoyé qui peut varier, mais d'après la valeur physique ou intrinsèque, qui est invariable.

En effet, dans l'état actuel des choses, si les circonstances obligeoient le Prince à porter la valeur numéraire du marc monnoyé au double de celle pour laquelle il a cours actuellement, l'Étranger qui se feroit obligé à nous fournir six cents mille francs, qui font aujourd'hui douze mille marcs d'argent environ, nous payeroit les mêmes six cents mille francs en ne nous donnant que six mille marcs d'argent, au lieu que si l'on eût stipulé qu'il nous payeroit tant de marcs, il devroit toujours nous payer la même quantité de marcs convenue, sans égard à l'altération survenue dans la valeur numéraire du marc d'argent monnoyé.

Nous sommes tombés dans cet inconvénient dans plusieurs Traités, & particulièrement dans le Tarif que nous arrêtames en 1664, des droits que devroient payer les marchandises étrangères à leur entrée dans le royaume. Le chapeau qui étoit estimé par supposition dix livres, lorsqu'on a fait en France le tarif des droits d'entrée, fut imposé à dix sous sur le pied de cinq pour cent de sa valeur: aujourd'hui ce même chapeau paye encore à raison de dix sous numéraires; mais comme la valeur numéraire du marc d'argent monnoyé a été portée au double de ce qu'elle étoit en 1664, les dix sous d'aujourd'hui ne valent en intrinsèque que la moitié de ceux que l'on avoit imposés par le Tarif. Les marchandises étrangères ne payent donc plus intrinsèquement que la moitié des droits qui ont été primitivement imposés, quoiqu'elles acquittent numérairement les mêmes valeurs portées au Tarif: au contraire, en Hollande toutes ou presque toutes les marchandises payent par appréciation; or l'appréciation a augmenté à proportion de la plus grande abondance qui se trouve en Europe des métaux représentatifs des valeurs réelles; nos marchandises payent donc aujourd'hui en Hollande des droits plus forts qu'elles ne payoient en 1664, lorsque leur appréciation étoit moindre. Les Hollandois ont donc gagné des deux côtés à notre préjudice; il auroit été aisé d'éviter ce double inconvénient en exigeant que les Hollandois arrêtassent à notre exemple un tarif des droits que nos marchandises devroient payer en entrant en Hollande, & en calculant par grains de poids d'argent pur ceux que les leurs devroient payer à leur entrée en France.

On n'a présenté ici qu'un crayon léger des avantages qui résulteroient d'une monnoie universelle, & l'on voit avec quelle facilité on auroit pu l'établir, si l'on n'eût considéré dans la monnoie que sa valeur intrinsèque; mais chaque Nation lui a donné une valeur arbitraire qui lui est particulière, un titre & un poids différent qu'elles n'abandonneront vrai-semblablement pas pour prendre un titre & un poids commun. Les hommes sont trop attachés à leurs usages pour vouloir les abandonner & pour adopter ceux des autres, quand même ils y verroient de l'utilité; n'espérons point qu'ils veuillent sacrifier leurs préjugés au bien public, & contentons-nous de nous rapprocher autant qu'il est possible, d'un projet dont toutes les Nations devroient désirer l'exécution.

Il seroit encore aisé d'établir une monnoie universelle, sans rien changer aux loix & aux règlemens particuliers à chaque Nation, & aux dénominations différentes de toutes les monnoies du Monde.

On a établi plus haut qu'une quantité d'or ou d'argent, égale en poids & en titre à une autre quantité, a nécessairement une même valeur intrinsèque dans tous les lieux du Monde.

On a encore établi que la valeur intrinsèque n'est autre chose que le poids & le titre des monnoies.

Pour trouver une monnoie universelle, il suffiroit donc de connoître le poids & le titre de toutes les pièces de monnoie qui ont cours chez les différens peuples du Monde, parce qu'avec la connoissance de leur poids & de leur titre on connoîtroit aussi leur valeur intrinsèque, qui est la même en tous lieux.

Il faudroit donc que chaque pièce annonçât sur l'une de ses empreintes le titre auquel elle auroit été fabriquée ; il ne s'agiroit plus que de la peser pour trouver le rapport du titre avec le poids réel, & pour savoir combien de parties de fin elle contiendroit.

Mais quel seroit le caractère qu'on devroit mettre sur les monnoies pour en annoncer le titre !

Les Nations commerçantes s'accordent sur la manière de distinguer les qualités de l'or & de l'argent, & elles calculent d'après les mêmes principes : quelques-unes diffèrent seulement dans la subdivision du premier mode qu'elles ont adopté pour explication de la qualité de ces métaux.

POUR L'OR.

L'Or se divise chez toutes les Nations de l'Europe en vingt-quatre parties que l'on nomme carats ; c'est-à-dire que lorsque d'un morceau d'or, de quelque poids qu'il soit, on en a séparé les parties étrangères à l'or, on exprime de combien a été le déchet en le calculant par vingt-quatrièmes.

Par exemple, si par la séparation des parties étrangères le morceau d'or a déchu d'un douzième de son poids, on dira que ce morceau d'or est à vingt-deux parties d'or sur vingt-quatre, c'est-à-dire à vingt-deux carats.

Mais la subdivision de chacun de ces carats est différente chez plusieurs Nations.

Elle se calcule par 32.es en France & en Hollande, & ces 32.es sont nommés grains de fin ; en Angleterre le carat se subdivise seulement en quatre parties que l'on nomme également grains de fin.

Ainsi quoique le principe soit le même, si l'on exprimoit le titre de la matière par tant de grains de fin, la différence qui existe dans la subdivision du carat en France & en Angleterre, pourroit faire errer celui qui ne feroit pas attention que le grain de fin anglois n'est que la 4.e partie du carat, au lieu que le grain de fin françois en est la 32.e partie : à quoi il faut ajouter que le poids réel de la livre d'or pur en Angleterre n'est pas le même que celui du marc d'or pur en France ; ce qui peut se dire également des monnoies de toutes les autres Nations, quoiqu'elles divisent le fin de l'or en vingt-quatre carats comme les François.

Il s'agiroit donc d'exprimer sur la pièce, non pas des grains de fin ou toute autre dénomination, mais une fraction d'après laquelle on connoîtroit à quel titre la pièce auroit été monnoyée, c'est-à-dire combien la matière dont elle seroit composée contiendroit de parties de fin & de parties étrangères, parce qu'avec la connoissance que l'on auroit du fin de l'or & du poids réel de la pièce, il seroit aisé de savoir combien elle contiendroit de grains de fin.

Un morceau d'or dont le fin seroit exprimé par un entier, tel que $\frac{24}{24}$.^{es} seroit de l'or pur, & il seroit dans une parité exacte avec un autre morceau d'or dont le fin seroit également exprimé par $\frac{24}{24}$.^{es} lorsque ces deux morceaux d'or auroient un poids égal.

De même un morceau d'or dont le fin seroit annoncé par $\frac{23}{24}$.^{es} contiendroit une 24.e partie de son poids en alliage, & $\frac{23}{24}$.^{es} parties en or pur ; & ce morceau seroit également en parité avec un autre dont la valeur intrinsèque seroit exprimée par $\frac{23}{24}$.^{es} & qui auroit un même poids : & l'un de ces deux morceaux contiendroit un volume plus ou moins gros, ou, si l'on veut, plus ou moins de grains de poids en or pur que l'autre, à proportion qu'il seroit plus ou moins pesant.

Il seroit pourtant égal, pour trouver le fin des matières, de prendre pour signe du titre la subdivision qu'on fait chez chaque Nation du carat en plus ou moins de grains, mais il semble qu'il est plus simple de se servir du premier mode, qui est commun à toutes les Nations, puisqu'elles s'accordent toutes à diviser l'or fin en vingt-quatre carats : par exemple, l'or monnoyé en Angleterre est au titre de vingt-deux carats, il seroit inutile que les Anglois, d'après leur subdivision du carat en quatre parties, exprimassent la qualité de la matière par $\frac{88}{96}$.^{es} ; ils pourroient l'exprimer par le premier mode, c'est-à-dire par $\frac{22}{24}$.^{es}

Une guinée dont le titre seroit annoncé par cette fraction contiendroit une douzième partie de son poids en alliage ; elle pèse en France deux gros treize grains du poids de marc, qui font cent cinquante-sept grains du même poids : il ne s'agit donc que de retrancher la douzième partie de son poids pour avoir la véritable quantité de fin, qui sera $143 \frac{1}{12}^{e}$ grains de poids en matière pure.

Si l'on veut trouver le rapport de la valeur intrinsèque de la guinée avec celle du louis d'or, on sait que le marc d'or, qui devroit peser en France 4608 grains, n'en contient réellement que 4599, par rapport au remède de poids qu'on en rabat ; & par conséquent le louis qui est la $30.^{e}$ partie du marc, pèse $153 \frac{3}{10}^{es}$ grains de poids.

L'or est monnoyé en France au titre de $21 \frac{22}{32}^{es}$ carats, & est par conséquent à $\frac{694}{768}^{es}$ parties de fin contre $\frac{74}{768}^{es}$ parties d'alliage.

Dans la même proportion, pour trouver combien de grains de matière pure contiendroit un louis

qui pèse . . . . $153 \frac{3}{10}^{es}$ grains,

il faudroit en rabattre $\frac{74}{768}^{e}$ parties, qui font . . $14 \frac{987}{1280}$ grains d'alliage,

il resteroit . . . . $\frac{694}{768}^{es}$ parties de fin, ou $138 \frac{677}{1280}^{es}$ grains en matière pure.

La guinée contient . . . . $143 \frac{320}{3840}^{es}$ grains en matière pure ;

le louis en contient . . . . $138 \frac{2031}{3840}^{es}$ grains, *idem.*

la guinée contient donc . . . . $4 \frac{2129}{3840}^{es}$ grains de poids en matière pure de plus que ne contient le louis d'or ; par où l'on voit qu'en considérant la valeur intrinsèque de l'une & de l'autre pièce, le François gagneroit quatre grains en prenant une guinée en échange de son louis, & que l'Anglois perdroit les mêmes quatre grains en donnant sa guinée pour un louis, à moins que le François ne lui bonifiât les quatre grains qu'il recevroit de plus, parce que dans de pareils échanges, de même que dans ceux de plus grande importance, il ne s'agiroit que de vérifier si l'on reçoit une quantité de grains de matière pure égale à celle qu'on donneroit.

Par exemple, s'il s'agissoit de l'échange d'une quantité indéterminée de monnoies d'or d'Angleterre, contre une quantité indéterminée de monnoies d'or de France.

En supposant que les monnoies angloises, mises dans la balance, pesassent douze marcs du poids françois, ou 55296 grains de poids ; il faudroit pour en trouver la valeur intrinsèque, rabattre du poids réel $\frac{2}{24}^{es}$ ou la douzième partie, parce que l'or est monnoyé en Angleterre à $\frac{22}{24}^{es}$ carats, il resteroit onze marcs du poids françois d'or fin & dégagé de tout alliage, ou, ce qui est de même, 50688 grains en matière pure.

On sait qu'en France 4608 grains d'or monnoyé à $21 \frac{22}{32}^{es}$ carats, contiennent 4164 grains de poids en matière pure.

Il faudroit donc 12 marcs 1 once 3 gros $4 \frac{3216}{4164}^{es}$ grains de monnoie d'or françoise, ou $56092 \frac{3216}{4164}$ grains de poids pour payer les 12 marcs de monnoie d'Angleterre ; c'est-à-dire, pour composer la même quantité de 50688 grains en matière pure, qui y sont contenus.

POUR L'ARGENT.

L'argent se divise chez quelques Nations en douze parties, & chez d'autres en seize ; c'est-à-dire, que lorsque d'un morceau d'argent, de quelque poids qu'il soit, on en a séparé les parties étrangères à l'argent, on exprime de combien a été le déchet en le calculant par $12.^{es}$ chez les unes, & par $16.^{es}$ chez les autres.

Il faudroit que le titre de l'argent fût annoncé sur l'une des empreintes des pièces de monnoies, de même que celui de l'or.

L'argent qui seroit coté à $\frac{14}{16}^{es}$ contiendroit $\frac{2}{16}^{es}$ ou le $\frac{1}{8}^{e}$ de son poids en alliage, de même que celui qui seroit coté à $\frac{10}{12}^{es}$ contiendroit $\frac{2}{12}$ ou $\frac{1}{6}^{e}$ de son poids en alliage.

En France le marc d'argent, ou 4608 grains de poids se trouvent réduits à 4599, par rapport au remède de poids qu'on en rabat.

De ces 4599 grains sont fabriqués $8 \frac{3}{10}^{es}$ écus.

Chaque écu contient donc dans la même proportion $554 \frac{8}{83}^{es}$ grains de poids.

L'argent est monnoyé en France au titre de 10 $\frac{21\frac{1}{2}}{24}$.es, c'est-à-dire qu'il contient les $\frac{26\frac{1}{2}}{288}$.es parties de son poids en alliage, & les $\frac{261\frac{1}{2}}{288}$ parties en matière pure.

Dans la même proportion, l'écu qui pèse 554 $\frac{8}{83}$.es grains de poids, contient 503 $\frac{297}{2656}$.es grains en matière pure.

Si on vouloit en trouver le rapport avec les monnoies étrangères, on pourroit suivre la méthode que l'on a indiquée pour l'or.

On voit avec quelle facilité on peut trouver le nombre de parties de fin contenues dans une pièce, dès qu'on en connoît le poids & le titre.

On voit aussi combien il seroit aisé de rapprocher la façon de compter des différentes Nations & d'opérer d'après un principe sûr & invariable pris dans la nature même de la chose.

L'avantage que l'on trouveroit de n'être jamais trompé en calculant sur la véritable valeur de la monnoie, feroit bien-tôt substituer dans les négociations la valeur intrinsèque à la valeur numéraire.

Le voyageur qui auroit une certaine quantité de monnoies de son pays à échanger contre celles du pays où il se trouveroit, seroit à l'abri de la surprise, parce qu'il connoîtroit la valeur intrinsèque de la monnoie qu'on lui présenteroit; il sauroit qu'il ne donneroit pas plus de parties de fin qu'il n'en devroit recevoir.

Le Négociant connoissant le rapport du poids de marc du pays étranger, avec le poids de marc en usage chez lui, pourroit calculer sur la valeur intrinsèque des monnoies, & donner ordre de payer des grains de fin du pays sur lequel il négocieroit, au lieu d'en dénommer les espèces.

Le même calcul auroit lieu dans des négociations plus importantes, c'est-à-dire dans les Traités de commerce, où il importe tant de statuer sur une valeur sûre & invariable, pour ne pas tomber dans les inconvéniens que nous avons fait observer plus haut.

Enfin la valeur intrinsèque de la monnoie ne seroit plus uniquement connue des Banquiers & de ceux qui font le commerce des matières d'or & d'argent. Tout le monde s'accoutumeroit à sentir la nécessité de la prendre pour règle de ses opérations.

Pour opérer un changement aussi utile, il ne faut donc qu'indiquer sur les pièces de monnoies le titre auquel elles sont fabriquées.

Qu'on n'objecte point que ce seroit un embarras de peser, lors de chaque échange, les monnoies qui en seroient l'objet : il pourroit être gênant de peser lorsqu'il ne s'agiroit que de l'échange d'une monnoie pour une autre; mais cela ne le seroit jamais dans des négociations plus importantes, où l'on est même obligé, dans l'état actuel des choses, de se servir de la balance pour n'être pas préjudicié en recevant des monnoies que le frai auroit rendu moins pesantes qu'elles ne doivent l'être.

Les Nations éclairées sur leurs vrais intérêts sentiront de quel prix peut être pour elles cette marque apposée sur leurs monnoies; car, en laissant même à part tout ce qui en résulteroit d'avantageux pour le Monde en général, il est certain que des monnoies qui annonceroient la vraie quantité de fin qu'elles contiendroient, auroient plus de cours dans le commerce, & qu'on les prendroit préférablement à celles dont la valeur intrinsèque seroit inconnue, & par conséquent sujette à l'essai.

Mais pour produire cet effet, il faudroit que le caractère qui annonceroit la valeur intrinsèque de la monnoie fût sacré. Il est à croire qu'aucune Nation n'useroit de fraude à cet égard : si elle le faisoit, elle n'en retireroit qu'un profit momentané. On découvriroit bien-tôt son infidélité. Ses monnoies perdroient leur crédit. Elle ne remporteroit de son inexactitude que de la confusion, pour avoir voulu tromper l'Europe entière. Toutes les Nations auroient intérêt à faire respecter la foi publique. Nous aurions l'œil ouvert sur nos voisins, comme ils l'auroient sur nous.

Mais tout utile qu'est ce projet, il n'est pas encore exécuté, & ne le sera peut-être jamais; c'est pour y suppléer qu'on donne les Tables suivantes, qui indiquent la véritable valeur intrinsèque des monnoies étrangères.

On a cru devoir mettre en tête de l'Essai qu'on donne ici sur les différens rapports des monnoies étrangères avec les nôtres, la subdivision du marc françois, la qualité de l'or & de l'argent, c'est-à-dire le titre auquel on fabrique ces métaux pour les convertir en monnoie, & enfin le prix auquel le marc d'or & le marc d'argent monnoyés font livrés au Public en France, avec l'évaluation du grain d'or & du grain d'argent, d'après la valeur numéraire pour laquelle le marc d'or & le marc d'argent monnoyés ont cours dans le royaume.

Il est cependant nécessaire de faire observer que la fabrication des espèces est sujette à des variations accidentelles, & que les gradations qui se trouvent dans le titre de nos monnoies depuis 10 deniers $\frac{21\frac{1}{2}}{24}$ jusqu'à onze deniers, sont infinies. Si l'on vouloit avoir le titre mitoyen entre le plus haut & le plus bas qui se trouvent dans nos espèces d'argent, il faudroit prendre $10\frac{22}{24}$, & il est certain que le plus grand nombre de nos écus passe ce titre, mais on a mieux aimé prendre au-dessous : & comme il étoit nécessaire, dans un ouvrage de la nature de celui-ci, de partir d'un point fixe; on a cru devoir s'arrêter au titre de 10 deniers $\frac{21\frac{1}{2}}{24}$.es qui est le plus bas qu'on trouve dans nos écus, pour établir la proportion de notre monnoie avec celle des pays étrangers.

On a cherché dans cet Essai à réunir sous un même point de vue tout ce qui peut contribuer à faire connoître exactement, non-seulement le titre auquel les monnoies étrangères sont fabriquées, mais encore les poids en usage dans les différens pays, & leur rapport avec le nôtre: le poids de femelle dont on se sert pour faire les essais de l'or & de l'argent, la manière d'exécuter ces essais, la matière dont les coupelles sont composées, la proportion de l'or avec l'argent, pour les matières monnoyées; & les parités résultantes des valeurs intrinsèques, pour les changes.

On croit que ces différens objets suffisent pour remplir le plan qu'on s'est proposé; c'est-à-dire pour trouver tous les rapports possibles & nécessaires des monnoies étrangères avec les nôtres, & pour exciter les Observateurs intelligens à nous faire part des lumières qui peuvent contribuer à la plus grande perfection de cet Ouvrage.

DIVISION DU MARC EN FRANCE.

Le marc se divise en . . . . 8 onces.

L'once en . . . . 8 gros.

Le gros en . . . . 72 grains.

Le marc contient donc . . . . 4608 grains.

TITRE POUR L'OR.

Le titre le plus fin est . . . . 24 carats.

Le carat se divise en . . . . 32 grains de fin.

24 carats contiennent donc . . . . 768 grains de fin.

Le grain de fin d'or équivaut à 6 grains de poids.

768 grains de fin équivalent donc à 4608 grains de poids, qui font
le marc.

TITRE POUR L'ARGENT.

Le titre le plus fin est . . . . 12 deniers.

Le denier se divise en . . . . 24 grains de fin.

12 deniers contiennent donc . . . . 288 grains de fin.

Le grain de fin d'argent équivaut à 16 grains de poids.

288 grains de fin d'argent équivalent donc à 4608 grains de poids,
qui font le marc.

ÉVALUATION

du prix auquel le grain de fin d'Or est livré au Public en France.

30 louis faisant 720 livres pour un marc, ou . . . . 4608 grains de poids.

Remède de poids . . . . 9.

Reste . . . . 4599 grains de poids.

4599 grains de poids en matière fine pur or, dit
être à . . . . 22 carats.

Remède de fin sur le titre . . . . $\frac{10^{es}}{32}$.

Carats . . . . 21 $\frac{22^{es}}{32}$.

21 carats $\frac{22^{es}}{32}$., à raison de 6 grains de poids par $\frac{1}{32}$.^{e} forment
un total en grains de poids, matière pure, pour un marc,
de . . . . 4164 grains de poids.

Et dans la même proportion, si 4608 grains, poids de
marc, se trouvent réduits à 4164, à combien devront être
réduits 4599 grains? ci . . . . 4155 $\frac{111^{es}}{128}$

Les 4155 $\frac{111}{128}$ de poids en matière fine, or pur, sont donc livrés au Public
en valeur numéraire pour 720 livres; & conséquemment le grain de poids en
matière pure a cours en France à raison de 41 deniers $\frac{102803}{177317}$ pour chaque grain.

ÉVALUATION

du prix auquel le grain de fin d'Argent est livré au Public en France.

8 $\frac{3}{10}$.^{es} écus de 6 liv. faisant 49 liv. 16 sous pour un marc, ou 4608 grains de poids.

Remède de poids . . . . 9.

Reste . . . . 4599 grains de poids.

4599 grains de poids en matière fine, pur
argent, dit être à . . . . 11 deniers.

Remède de fin sur le titre . . . . $\frac{2\frac{1}{2}^{es}}{24}$.

Reste . . . . 10 $\frac{21\frac{1}{2}^{es}}{24}$. deniers.

10 $\frac{21\frac{1}{2}^{es}}{24}$. deniers, à raison de 16 grains de poids par $\frac{1}{24}$.^{e} forment
un total en grains de poids, matière pure, pour un marc,
de . . . . 4184 grains.

Et dans la même proportion, si 4608 grains, poids de
marc, se trouvent réduits à 4184, à combien devront être
réduits 4599 grains? ci . . . . 4175 grains $\frac{53}{64}^{es}$

Les 4175 $\frac{53}{64}$.^{es} grains de poids en matière fine, argent pur, sont donc livrés au
Public en valeur numéraire, pour 49 livres 16 sous; & conséquemment le grain de
poids en matière pure a cours en France à raison de 2 deniers $\frac{230422}{267253}$ pour chaque
grain d'argent en matière fine.

ESPAGNE.

Poids en usage, tant en Espagne qu'en France.

EN FRANCE.

L'ONCE est la huitième partie du marc, & contient 576 grains, ainsi le marc du poids françois se subdivise en 4608 grains, de même que le marc du poids royal de Castille; mais chacun des grains du poids françois est plus fort que ceux du poids de Castille de $\frac{1}{16}$.^{e} ou, ce qui est le même, $6\frac{1}{4}$ pour cent, & il ne faut que $4336\frac{16}{17}$.^{es} grains du poids françois, pour composer les 4608 grains qui font le marc du poids royal de Castille.

Par une autre subdivision du marc en Espagne, il se partageoit en 4800 grains, mais chacun de ces grains étoit plus léger que ceux du marc castillan de 4 pour cent, & ils produisoient seulement 4608 grains du marc de Castille.

Dans cette même proportion, il résulte que les grains du poids françois sont plus forts que ceux de l'ancienne subdivision espagnole, de laquelle on fait encore usage quelquefois pour les matières d'or, de $10\frac{65}{96}$.^{es} pour cent; & il ne faut que $4336\frac{16}{17}$.^{es} grains du poids françois pour équivaloir à 4800 grains du marc anciennement subdivisé par castellanos.

EN ESPAGNE.

L'ONCE est la huitième partie du marc; elle contient 8 ochavas, l'ochava contient 6 tomins, le tomin contient 12 grains; ainsi le marc du poids castillan se subdivise en 4608 grains, de même que le marc du poids françois; mais chacun de ces grains est plus léger que ceux du poids françois de $\frac{1}{17}$.^{e} ou, ce qui est de même, $5\frac{15}{17}$.^{es} pour cent, & il faut 4896 grains du poids castillan pour former les 4608 grains qui composent le marc du poids françois.

Quoique depuis l'année 1731, il ait été défendu en Espagne de se servir d'autre poids que celui du marc royal de Castille, expliqué ci-dessus, néanmoins il arrive encore quelquefois sur les matières d'or, que l'on se sert de la division par castellanos suivant l'ancien usage.

Le marc contient. . . . . 50 castellanos.
Le castellano. . . . . 8 tomins.
Le tomin. . . . . 12 grains.

Le poids de marc est le même; mais comme par cette subdivision il se partage en 4800 grains, & que le marc royal de Castille se subdivise seulement en 4608, il devient nécessaire d'observer que les grains de la subdivision par castellanos, sont plus légers de 4 pour cent que ceux de la subdivision du marc royal de Castille.

PARITÉS
des Poids de France & d'Espagne.

EN FRANCE.	GRAINS du poids FRANÇOIS.	GRAINS du poids de marc royal de CASTILLE.
Le marc pesant 8 onces	4608	4896.
L'once pesant 8 gros	576	612.
Le gros pesant 3 deniers	72	$76\frac{1}{2}$
Le denier	24	$25\frac{1}{2}$
La pièce d'or appelée louis d'or	$153\frac{3}{10}$	$162\frac{1692}{1920}$

EN ESPAGNE,
Marc royal de Castille.

	GRAINS du poids FRANÇOIS.	GRAINS du poids de marc royal de CASTILLE.
Le marc pesant 8 onces	$4336\frac{16}{17}^{es}$	4608.
L'once pesant 8 ochavas	$542\frac{2}{17}^{es}$	576.
L'ochava pesant 2 adarmes	$67\frac{13}{17}^{es}$	72.
L'adarme pesant 3 tomins	$33\frac{15}{17}^{es}$	36.
Le tomin pesant 12 grains	$11\frac{5}{17}^{es}$	12.
Le grain poids de Castille	$\frac{16}{17}^{es}$	1.
Le doublon ou quadruple d'Espagne de 1750	508	$539\frac{3}{4}$

QUALITÉS
de l'Or & de l'Argent en Espagne.

ARGENT.

LE titre de l'Argent le plus fin est 12 deniers, le denier se subdivise en 24 grains; ce qui fait un total de 288 grains de fin, lesquels, à raison de 16 grains de poids pour un grain de fin, font les mêmes 4608 grains de poids qui composent le marc royal de Castille.

OR.

L'OR le plus fin est réputé à 24 carats; le carat se subdivise en 4 grains, que l'on nomme grains de fin; ainsi 96 grains de fin sont égaux en Espagne à 4608 grains de poids, & par conséquent chaque grain de fin doit être calculé équivalant à 48 grains de poids du marc royal de Castille.

PRATIQUE
pour les essais de l'Argent.

PRATIQUE
pour essayer l'Or en Espagne.

LE poids de semelle contient 18 grains du marc royal de Castille, qui équivalent à 16 grains $\frac{16}{19}^{es}$ du poids de marc françois.

On est dans l'usage d'employer $3\frac{1}{2}$ parties de plomb contre une d'argent, lorsque l'argent est au titre de 11 deniers.

On diminue cette quantité de plomb en proportion avec le degré de fin supérieur à 11 deniers, jusqu'au point de n'employer qu'une partie de plomb pour l'argent que l'on croit absolument pur.

Au contraire, on augmente ces mêmes parties de plomb jusqu'au nombre de 16 parties pour une d'argent, en proportion avec la plus grande partie d'alliage qui occasionne la diminution du titre au-dessous de 11 deniers.

Mais malgré cette règle générale, il faut toujours que la prudence & la pratique de l'Essayeur sachent régler proportionnellement les matières, car c'est de ces loix intermédiaires que dépend principalement la justesse des essais qu'on veut pratiquer.

COMPOSITION
des Coupelles pour l'Or & l'Argent.

La matière dont on fait les Coupelles est composée des os & des cornes de mouton, qu'on fait brûler & broyer. On passe les cendres qui en résultent par un tamis fort serré. On empâte ces cendres avec de la lessive de chaux vive, & les serrant bien dans des moules de bronze de la grandeur & de la forme qu'on veut les coupelles, on les laisse sécher à l'ombre pendant un an, & c'est le temps qu'il leur faut pour qu'on puisse s'en servir.

ÉVALUATION

des Espèces d'or & d'argent monnoyées en Espagne, d'après plusieurs essais authentiques.

OR.

Valeur numéraire d'après la valeur intrinsèque du marc d'or monnoyé en France, ayant cours pour 720 livres, & contenant 4155 $\frac{111}{128}$ grains de poids en matière pure.

	MILLÉSIMES.	onces	gros		grains.	carats	32.es	grains.	(/4608)	liv.	sous	den.	
Doublon de à ocho ou quadruple	1750.	//	7.	//	4.	22.	//	465.	$\frac{3072}{4608}$	80.	13.	6.	$\frac{55+46}{177317}$
Escudo de oro	1755.	//	//	//	33.	21.	24.	29.	4176.	5.	3.	7.	87769.
Quadruple du Pérou		//	7.	//	//	21.	24.	456.	3456.	79.	2.	7.	99253.
Double pistole au balancier, à la croix potencée & à la toison	1723.	//	3.	½.	//	22.	//	231.	//	40.	0.	4.	164332.
Idem, au balancier, à la croix potencée & à l'écusson simple	1712.	//	3.	//	30.	21.	24.	222.	4320.	38.	12.	5.	122327.
Idem, cornue très-ancienne		//	3.	½.	1.	21.	24.	229.	1296.	39.	14.	5.	81839.
Simple pistole cornue ancienne à la croix & aux armes d'Espagne		//	1.	½.	19.	21.	24.	115.	432.	19.	18.	9.	101355.
Demi-pistole cornue à la croix & aux armes, très-ancienne		//	//	½.	27.	21.	28.	57.	1944.	9.	18.	11.	104321.
Pistole d'Espagne		//	1.	½.	17.	21.	24.	113.	1296.	19.	12.	6.	36930.
Pistole ancienne de Ferdinand & d'Isabelle		//	1.	½.	21.	23.	25.	127.	3798.	22.	2.	10.	159862.
Pièce d'or		//	1.	½.	16.	21.	16.	111.	384.	19.	4.	10.	145294.
Quart de pistole à l'effigie & aux armes, sans toison, nouveau coin		//	//	//	33.	21.	16.	29.	2592.	5.	2.	5.	35807.
Pistole, *idem*		//	1.	½.	19.	22.	//	116.	1920.	20.	3.	4.	102520.

ARGENT.

Valeur numéraire d'après la valeur intrinsèque du marc d'argent monnoyé en France ayant cours pour 49 livres 16 sous, & contenant 4175 $\frac{53}{64}$ grains de poids en matière pure.

	MILLÉSIMES.	onces	gros		grains.	deniers	24.es	grains.	(/4608)	liv.	sous	den.	
Piastre, dite Péruvienne	1744.	//	7.	//	1.	10.	20.	455.	$\frac{4160}{4608}$	5.	8.	8.	$\frac{234888}{267253}$
Piastre vieille du Mexique		//	7.	//	//	10.	20.	455.	//	5.	8.	6.	78834.
Demi-piastre forte	1728.	//	3.	½.	1.	10.	22.	230.	736.	2.	14.	10.	203142.
Piastre vieille, dite du Pérou		//	7.	//	//	10.	21.	456.	3456.	5.	8.	11.	81193.
Réal de plate au cordon, dixième de la piastre forte	1754.	//	//	½.	19.	9.	22.	45.	2080.	//	10.	10.	24150.
Réal patiño ou pezette de 4 réales	1724.	//	//	//	33.	9.	21.	27.	720.	//	6.	5.	194095.
Realillo, ou demi-réal de plate	1735.	//	//	//	28.	9.	21.	23.	192.	//	5.	5.	253771.
Piastre aux deux globes	1748.	//	7.	0.	5.	10.	20.	459.	2368.	5.	9.	7.	57345.
Piastre dite nouveau Mexique, quarré long		//	6.	½.	30.	10.	22.	453.	192.	5.	8.	//	184368.
Piastre dite vieille Mexique		//	6.	½.	33.	10.	20.	452.	1344.	5.	7.	10.	145178.
Piastre vieille du Pérou		//	7.	//	6.	10.	20.	460.	1920.	5.	9.	9.	213399.
Pièce de Philippe IV à l'écusson & à la croix couronnée	1636.	//	7.	//	21.	10.	9.	453.	4176.	5.	8.	3.	43953.
Pièce du même Roi, à l'effigie & aux armes supportées par des lions	1630.	1.	//	//	33.	11.	2.	562.	2208.	6.	14.	1.	245987.
Pièce de Charles II, à l'effigie & aux armes	1672.	//	4.	//	4.	11.	//	267.	3072.	3.	3.	10.	29930.
Écu de Philippe V, à la légende d'Autriche, de Bourgogne & de Brabant	1703.	1.	//	½.	1.	10.	22.	557.	3040.	6.	13.	//	33748.
Division de la piastre aux deux globes	1743.	//	//	½.	27.	10.	20.	56.	4032.	//	13.	6.	210294.

PROPORTION
de l'Or avec l'Argent pour les matières monnoyées en Espagne.

Le doublon ou quadruple du poids réel de 508 grains, au titre de 22 carats, se trouve contenir $465 \frac{3072}{4608}^{es}$ grains du poids françois en matière pure, & il a cours numérairement en Espagne pour 160 réaux de plate courans.

Dans la même proportion, un marc d'or ou 4608 grains du poids françois en matière pure, auroit cours en Espagne pour $1583 \frac{597.504}{2.145.792}^{es}$ réaux de plate.

La piastre forte aux deux globes, du poids réel de 509 grains, au titre de 10 deniers $\frac{20}{24}^{es}$ se trouve contenir $459 \frac{2368}{4608}^{es}$ grains du poids françois en matière pure, & elle a cours numérairement pour $10 \frac{5}{8}^{es}$ réaux de plate courans.

Dans la même proportion, un marc d'argent ou 4608 grains du poids françois en matière pure, auroit cours numérairement en Espagne pour $106 \frac{1.119.040}{2.117.440}^{es}$ réaux de plate courans.

La proportion résultante de ces valeurs numéraires en Espagne, entre l'or & l'argent, est de $14 \frac{41.626.135.66.976}{48.410.715.488.256}^{es}$ marcs d'argent pour un marc d'or.

PARITÉS *résultantes des valeurs intrinsèques pour l'établissement du change entre la France & l'Espagne.*

POUR L'OR.

Le doublon ou quadruple ayant cours pour 20 piastres de change, contient réellement $465 \frac{3072}{4608}^{es}$ grains de poids françois en matière pure, ainsi on peut évaluer que chaque piastre de change, qui est une monnoie imaginaire, équivaut à . . . . $23 \frac{13056}{46080}^{es}$ grains de poids, matière pure.

80 sous $\frac{1.657.774.080}{2.451.230.208}^{es}$ monnoie de France, à raison de 41 deniers $\frac{102.803}{177.317}^{es}$ pour un grain de poids d'or en matière pure, ou (ce qui est de même) dans la proportion de 720 livres pour $4155 \frac{111}{112}^{es}$ grains de poids d'or, matière pure, produiront les mêmes . . . . $23 \frac{13056}{46080}^{es}$ grains de poids, matière pure.

POUR L'ARGENT.

La piastre effective aux deux globes, valant numérairement $10 \frac{5}{8}$ réaux courans, dont 8 font la piastre de change, vaut réellement $1 \frac{31}{64}^{es}$ piastre de change, & elle contient $459 \frac{2368}{4608}^{es}$ grains de poids d'argent en matière pure, ainsi on peut évaluer que la piastre de change, qui est une monnoie imaginaire, contient . . . . $345 \frac{151}{153}^{es}$ grains de poids, matière pure.

82 sous $\frac{7.132.082}{13.629.903}^{es}$ monnoie de France, à raison de 2 deniers $\frac{230.422}{267.253}^{es}$ pour un grain de poids d'argent en matière pure, ou (ce qui est de même) dans la proportion de 49 livres 16 sous pour $4175 \frac{13}{64}^{es}$ grains de poids d'argent en matière pure, produiront les mêmes . . . . $345 \frac{151}{153}^{es}$ grains de poids, matière pure.

Et par conséquent, la parité du change entre la France & l'Espagne est de deux sortes; savoir,

Sur les matières d'or . . . . $80^f \frac{1.657.774.080}{2.451.230.208}^{es}$

Sur les matières d'argent . . . . . . $82^f \frac{7.132.082}{13.629.903}^{es}$

Et le prix mitoyen de ces deux parités est à raison de $81^f \frac{1.449.568.675.877}{2.416.813.510.251}^{es}$

Ces deux parités sont entr'elles comme $102 \frac{5.641.768.609.792}{19.497.957.878.784}^{es}$ est à 100, & cette différence provient de celle qui existe dans les deux royaumes, dans la proportion de l'or avec l'argent.

Suit la preuve du raisonnement antécédent.

PREUVE du raisonnement antécédent sur les P**ARITÉS** *pour l'établissement du change entre la France & l'Espagne.*

EN FRANCE.

Le marc d'or pur, titré à 24 carats, devroit valoir numérairement . . . . $798^{l}\frac{58\cdot794}{177\cdot317}^{es}\cdot$

Le marc d'argent pur, titré à 12 deniers, devroit valoir numérairement . . . $54\frac{1\cdot274\cdot778}{1\cdot336\cdot265}^{es}\cdot$

Ce qui établit une proportion de . . . . . . $14\frac{15\cdot186}{28\cdot801}^{es}\cdot$ marcs d'argent pour un marc d'or.

EN ESPAGNE.

Le marc d'or pur du poids françois, devroit valoir numérairement en Espagne $1583\frac{597\cdot504}{2\cdot145\cdot792}^{es}\cdot$ réaux de plate.

Le marc d'argent pur, *idem.* . . . . $106\frac{1\cdot159\cdot040}{2\cdot117\cdot440}^{es}\cdot$

Ce qui établit une proportion de . . . . . . $14\frac{41\cdot626\cdot135\cdot166\cdot976}{48\cdot410\cdot715\cdot488\cdot256}^{es}\cdot$ marcs d'argent pour un marc d'or.

    Ainsi les proportions entre l'or & l'argent dans chacun des deux royaumes, sont entr'elles comme $14\frac{15\cdot186}{28\cdot801}^{es}\cdot$ sont à $14\frac{41\cdot626\cdot135\cdot166\cdot976}{48\cdot410\cdot715\cdot488\cdot256}^{es}\cdot$ ou bien (ce qui est de même) comme 100 est à $102\frac{5\cdot641\cdot768\cdot609\cdot792}{19\cdot497\cdot957\cdot878\cdot784}^{es}\cdot$ Et par conséquent le pair du change doit différer dans la même proportion, lorsque l'on en calculera la parité sur la valeur intrinsèque de l'or ou bien sur celle de l'argent.

ANGLETERRE.

Poids en ufage, tant en Angleterre qu'en France.

EN FRANCE.

L'ONCE eft la huitième partie du marc & contient 576 grains de poids : elle eft plus foible que celle de Londres, de $\frac{1}{64}$.e ; c'eft-à-dire que 64 onces de France ne pèfent que 63 onces angloifes, & par conféquent l'once angloife pèfe 585 $\frac{1}{7}$ grains de poids de marc de France.

EN ANGLETERRE.

L'ONCE eft la douzième partie de la livre : elle contient 20 deniers de poids ou 480 grains ; elle eft plus forte que l'once de France, de $\frac{1}{64}$.e ; c'eft-à-dire que 472 $\frac{1}{2}$ grains du poids anglois font jufte le poids de l'once de France.

Le grain du poids anglois fe fubdivife encore en 20 mites, la mite en 24 droits, le droit en 20 periots, le periot en 24 blanks.

Ainfi la livre contient 5760 grains ou 1 327 104 000 blanks.

PARITÉ DES POIDS.

	EN FRANCE.	EN ANGLETERRE.
Le marc de France, pefant 8 onces, pèfe	4608 grains	3780 grains.
L'once pefant 8 gros, pèfe	576 grains	472 $\frac{1}{2}$ grains.
Le gros pefant 3 deniers, pèfe. . .	72 grains	59 $\frac{1}{16}$ grains.
Le denier	24 grains	19 $\frac{11}{18}$ grains.
La pièce appelée louis d'or	153 $\frac{3}{10}$ grains.	125 $\frac{579}{768}$ grains.
La livre d'Angleterre, de 12 onces, pèfe	7021 $\frac{5}{7}$ grains	5760 grains.
L'once angloife de 20 deniers . . .	585 $\frac{1}{7}$ grains	480 grains.
Le denier	29 $\frac{9}{35}$ grains	24 grains.
La pièce d'or appelée guinée. . . .	157 $\frac{493}{623}$ grains	129 $\frac{39}{89}$ grains.

QUALITÉS *de l'Or, tant en Angleterre qu'en France.*

EN FRANCE.

L'or le plus fin est réputé à 24 carats.

Le carat se subdivise en 32.es

Chaque 32.e est aussi nommé grain de fin.

768 grains de fin sont égaux à 4608 grains de poids; & par conséquent un grain de fin équivaut à 6 grains de poids.

EN ANGLETERRE.

L'or le plus fin est réputé à 24 carats.

Le carat se subdivise en 4 parties.

Chaque partie 4.e de carat est aussi nommée grain de fin.

96 grains de fin sont égaux en Angleterre à 5760 grains de poids; & par conséquent un grain de fin est réputé équivalant à 60 grains de poids du poids anglois.

QUALITÉS *de l'Argent, tant en Angleterre qu'en France.*

EN FRANCE.

L'argent le plus fin est réputé à 12 deniers.

Le denier se subdivise en 24.es

Chaque 24.e est aussi nommé grain de fin.

288 grains de fin en argent, sont égaux en France à 4608 grains de poids; & par conséquent un grain de fin en argent équivaut à 16 grains de poids.

EN ANGLETERRE.

L'argent le plus fin est réputé à 12 deniers.

Le denier se subdivise en 20.es

Chaque 20.e est aussi nommé grain de fin.

240 grains de fin en argent, sont égaux en Angleterre à 5760 grains de poids; & par conséquent un grain de fin en argent y est calculé équivalant à 24 grains de poids.

ÉVALUATION

des Espèces d'or & d'argent monnoyées en Angleterre, d'après plusieurs essais authentiques.

OR.

	POIDS. onces	gros		grains.	TITRE. carats	32.es	GRAINS de fin en matière pure. grains.		VALEUR NUMÉRAIRE dans la proportion de 720 livres pour 4155 $\frac{111}{124}$ grains en matière pure. liv.	sous	den.	
Guinée de 1753, valant 21 schellings.	"	2.	"	13.	22.	"	143.	$\frac{4224}{4608}$ es	24.	18.	8.	$\frac{3872}{177317}$ es
Pièce de 5 guinées............	1.	2.	$\frac{1}{2}$.	25.	21.	30.	713.	4068.	123.	13.	7.	14689.
Demi-guinée..............	"	1.	"	3.	21.	24.	67.	4464.	11.	15.	6.	22158.
On pense que												
La pièce de 5 guinées devroit peser..	1.	2.	$\frac{1}{2}$.	29.	22.	"	719.	2688.	124.	13.	4.	$\frac{19360}{177317}$ es
La demi-guinée..............	"	1.	"	6. $\frac{1}{2}$.	22.	"	71.	4416.	12.	9.	4.	$\frac{1936}{177317}$ es

ARGENT.

	POIDS. onces	gros		grains.	TITRE. deniers.		GRAINS de fin en matière pure. grains.		VALEUR NUMÉRAIRE dans la proportion de 49 livres 16 sous pour 4175 $\frac{11}{64}$ es en matière pure. liv.	sous	den.	
Couronne de 1696, valant 5 schellings	"	7. $\frac{1}{2}$.	17.		11.	"	510.	$\frac{2688}{4608}$ es	6.	1.	9.	$\frac{102855}{267253}$ es
Pièce de 4 pennings de 1619.....	"	"	"	34.	10.	22.	30.	4288.	"	7.	4.	141384.
Penning de 1740............	"	"	"	9.	11.	"	8.	1152.	"	1.	11.	163837.
Schelling de 1750, valant 12 pennis...	"	1. $\frac{1}{2}$.	5.		11.	2.	104.	1696.	1.	4.	10.	192654.
Demi-couronne de 1745.......	"	3. $\frac{1}{2}$.	30.		11.	1. $\frac{3}{4}$.	260.	984.	3.	2.	"	208392.
On pense que												
La couronne devroit peser........	"	7. $\frac{1}{2}$.	25.		11.	2.	521.	3872.	6.	4.	5.	$\frac{161511}{267253}$ es
La demi-couronne............	"	3 $\frac{1}{2}$.	30. $\frac{1}{2}$.		11.	2.	260.	4240.	3.	2.	2.	$\frac{214382}{267253}$ es

PROPORTION
de l'Or avec l'Argent, pour les matières monnoyées en Angleterre.

La guinée du poids réel de 157 grains, au titre de 22 carats, se trouve contenir 143 $\frac{4224}{4608}$ grains du poids françois en matière pure, & elle a cours numérairement pour 252 deniers sterlings, monnoie courante.

Dans la même proportion, un marc d'or ou 4608 grains du poids françois en matière pure, auroit cours en Angleterre pour 8068 $\frac{1156}{1727}$.

Le schelling du poids réel de 113 grains, au titre de 11 deniers $\frac{2}{24}$.^{cs}, se trouve contenir 104 $\frac{1696}{4608}$ grains du poids françois en matière pure, & il a cours numérairement pour 12 deniers sterlings, monnoie courante.

Dans la même proportion, un marc d'argent ou 4608 grains du poids françois en matière pure, auroit cours numérairement pour 529 $\frac{12383}{15029}$.

La proportion résultante de ces valeurs numéraires en Angleterre, entre l'or & l'argent, est de 15 $\frac{1583}{6908}$ marcs d'argent pour un marc d'or.

PARITÉS réfultantes des valeurs intrinsèques pour le change entre la France & l'Angleterre.

POUR L'OR.

Le $\frac{1}{8}$ d'un louis devroit contenir . . . . 17 $\frac{3237}{10240}$ grains du poids françois en matière pure.

30 $\frac{354513}{1105280}$ deniers sterlings en matière d'or, doivent contenir également. . . . . 17 $\frac{3237}{10240}$ grains, *idem.*

POUR L'ARGENT.

Le demi-écu de France contient. . . . . 251 $\frac{2953}{5312}$ grains, *idem.*

28 $\frac{164537}{178201}$ deniers sterlings en matière d'argent, doivent contenir également. . . . . 251 $\frac{2953}{5312}$ grains, *idem.*

Et par conséquent, la parité du change entre la France & l'Angleterre, est de deux sortes:

Elle est sur les matières d'or à . . . . 30 $\frac{354513}{1105280}$ deniers sterlings pour un écu ou 60 sous.

Et sur les matières d'argent à. . . . . 28 $\frac{164537}{178201}$ deniers sterlings pour un écu ou 60 sous.

Et le prix mitoyen de ces deux parités est à raison de 29 $\frac{242481226473}{393924002560}$ deniers sterlings pour 60^{s} françois.

Ces deux parités font entr'elles comme 104 $\frac{24032115}{28903072}$ font à 100; & cette différence provient de celle qui exifte dans les deux royaumes dans la proportion de l'or avec l'argent.

PREUVE du raisonnement ci-contre.

EN FRANCE.

Le marc d'or pur, titré à 24 carats, devroit valoir numérairement.... $798^{l}\frac{58794}{177317}$.

Le marc d'argent pur, titré à 12 deniers, devroit valoir numérairement... $54\frac{1274778}{1336265}$.

Ce qui établit une proportion de...... $14\frac{15186}{28801}^{es}$. marcs d'argent pour un marc d'or.

EN ANGLETERRE.

Le marc d'or pur du poids françois, devroit valoir numérairement en Angleterre.. $8068\frac{1156}{1727}$ deniers sterlings.

Le marc d'argent pur du poids françois, devroit valoir numérairement en Angleterre... $529\frac{12283}{15029}$ deniers sterlings.

Ce qui établit une proportion de...... $15\frac{1583}{6908}$ marcs d'argent pour un marc d'or.

Ainsi les proportions entre l'or & l'argent, dans chacun des deux royaumes, sont entr'elles comme $14\frac{15186}{28801}$ est à $15\frac{1583}{6908}$, ou bien (ce qui est de même) comme 100 est à $104\frac{2403211\rangle}{28903072}$. Et par conséquent le pair de l'écu de change doit différer dans la même proportion, lorsque l'on en calculera la parité sur la valeur intrinsèque de l'or ou bien sur celle de l'argent.

HOLLANDE.

HOLLANDE.

Subdivision du marc en Hollande.

Le marc pèse . . . . 8 onces.

L'once pèse . . . . 20 engels.

L'engel pèse . . . . 32 as.

Et il faut dix as du poids hollandois pour faire 9 grains du poids françois.

Proportion avec le poids de France.

Le marc pèse 8 onces, ou . . . . 4608 grains.

L'once pèse 20 engels, ou . . . . 576 grains.

L'engel pèse 32 as, ou . . . . 28 $\frac{8}{10}$.^{es} grains.

L'as pèse . . . . $\frac{9}{10}$.^{es} grains.

Le poids de femelle servant aux essais à Amsterdam, tant pour l'or que pour l'argent, est de 40 as, ou 1 $\frac{1}{4}$ engel; ce qui équivaut à 36 grains ou un demi-gros du poids de France.

———————

On est dans l'usage à Amsterdam d'employer plus ou moins de plomb dans les essais de l'argent, proportionnément au plus ou moins de finesse de l'argent que l'on a à essayer; savoir,

4 fois autant de plomb que l'essai pour l'argent à 12 deniers.

6 fois autant pour l'argent à . . . . 10 deniers.

10 fois autant pour l'argent à . . . . 9 deniers.

12 fois autant pour l'argent à . . . . 8 deniers & au-dessous.

———————

On emploie pour faire les coupelles, tant pour les essais d'or que pour ceux d'argent, des os de veau que l'on calcine : on les pile ensuite, & on les fait passer au tamis; cette poudre bien fine se paîtrit ensuite avec de l'eau de pluie jusqu'à ce qu'elle ait pris une certaine consistance : on la jette après dans des moules de cuivre, pour donner aux coupelles la forme qu'on veut, & on les fait sécher à l'air.

É V A L U A T I O N

des Espèces d'or monnoyées en Hollande, d'après plusieurs essais authentiques.

	POIDS.	TITRE.	GRAINS du poids françois en matière pure.	VALEUR NUMÉRAIRE d'après la valeur intrinsèque du marc d'or monnoyé en France, ayant cours pour 720 livres, & contenant $4155\frac{111}{128}.^{es}$ grains de poids en matière pure.
	onc. gros ½ gros grains.	carats $32.^{es}$	grains.	liv. sous den.
Ducat de 1755, valant 5 florins 5 sous courans	// // ½ 29.	23. 16. //	63. $\frac{2976}{4608}.^{es}$	11. // 6. $\frac{67218}{177317}.^{es}$
Rider de 1751, valant 14 florins courans.	// 2. ½ 7.	22. // //	171. 1920.	29. 13. 11. 82541.

É V A L U A T I O N

des Espèces d'argent monnoyées en Hollande, d'après plusieurs essais authentiques.

	POIDS.	TITRE.	GRAINS du poids françois en matière pure.	VALEUR NUMÉRAIRE d'après la valeur intrinsèque du marc d'argent en France, ayant cours pour 49 livres 16 sous, & contenant $4175\frac{11}{64}.^{es}$ grains en matière pure.
	onc. gros ½ gros grains.	deniers $24.^{es}$	grains.	liv. sous den.
Daalder d'Utrecht, de 1689	// 4. // 16.	10. 16. //	261. $\frac{1536}{4608}.^{es}$	3. 2. 3. $\frac{263193}{267253}.^{es}$
Daalder de Westfrise, de 1685	// 4. // 8.	10. 17. //	264. 640.	3. 3. // 3964.
Gulde ou florin de 1748, valant 20 sous courans	// 2. ½ 14.	10. 20. //	175. 640,	2. 1. 9. 74887.
Schelling, de 1601	// 1. // 18.	6. 20. //	51. 1152.	// 12. 2. 183622.
Schelling, de 1681	// 1. // 14.	6. 16. //	47. 3584.	// 11. 4. 200152.
Schelling de Westfrise, de 1621	// 1. // 28.	5. 16. //	47. 1024.	// 11. 3. 42445.
Scelling de Zélande, de 1614	// 1. // 15.	6. 19. ½	49. 1800.	// 11. 9. 97599.
Dubelteye, de 1717	// // // 24.	6. 12. //	13. //	// 3. 1. 55703.
Stuiver de 1739	// // // 13.	6. 18. //	7. 1440.	// 1. 8. 248476.

PROPORTION
de l'Or avec l'Argent pour les matières monnoyées en Hollande.

Le ducat du poids de 65 grains, au titre de 23 carats $\frac{16}{32}.^{es}$, se trouve contenir réellement $63\frac{2976}{4608}.^{es}$ grains de fin, & il a cours numérairement pour . . . . . . 5 florins 5 sous, monnoie courante.

Dans la même proportion, un marc d'or en matière pure, ou 4608 grains de fin auroient cours numérairement en Hollande pour. . . . . 380 florins 2 sous $\frac{20160}{293280}$.

Le florin d'argent, du poids de 194 grains, au titre de 10 deniers 20, se trouve contenir réellement $175\frac{640}{4608}$ grains de fin, & il a cours numérairement pour 20 sous florins en monnoie courante.

Dans la même proportion, un marc d'argent en matière pure, ou 4608 grains de fin, auroient cours numérairement en Hollande pour. . . . . 26 florins 6 sous $\frac{170240}{807018}$, monnoie courante.

La proportion résultante de ces valeurs numéraires en Hollande, entre l'or & l'argent, est de $14\frac{21}{47}$ marcs d'argent pour un marc d'or.

PARITÉS *résultantes des valeurs intrinsèques pour le change entre la France & la Hollande.*

POUR L'OR.

Le $\frac{1}{8}$ d'un louis devroit peser. . . . . $17\frac{3237}{10240}$ grains de fin.

$342\frac{78993}{97760}$ deniers florins en matière d'or, ou $57\frac{1}{8}.^e$ deniers de gros environ. $17\frac{3237}{10240}$ grains de fin.

POUR L'ARGENT.

Le $\frac{1}{3}$ écu de France . . . . $251\frac{2953}{5312}$ grains de fin.

$344\frac{750830}{1046630}$ deniers florins, matière d'argent, ou $57\frac{3}{10}.^{es}$ deniers de gros environ. $251\frac{2953}{5312}$ grains de fin.

La différence de ces parités pour le change, provient de celle qui subsiste dans la proportion de l'or à l'argent dans les deux États.

En Hollande, cette proportion est de $14\frac{21}{47}$ marcs d'argent pour un marc d'or.

En France, elle est de. . . . . $14\frac{15186}{28801}$ marcs d'argent pour un marc d'or.

Ces deux proportions diffèrent entr'elles d'un peu plus de demi pour cent, & la même différence se rencontre entre les deux parités pour le change, qui sont :

Prise sur les matières d'or, à. . . . . . $342\frac{78993}{97760}$ deniers florins, monnoie courante, pour un écu.

Prise sur les matières d'argent, à. . . . $344\frac{750830}{1046630}$ deniers florins, *idem* pour un écu de 60 sous.

PORTUGAL.

LE marc est divisé en 8 onces qui contiennent 64 octaves. Chaque once a 8 octaves : chaque octave a 72 grains ; ainsi le marc de Portugal est subdivisé en 4608 grains.

Le marc de Portugal est plus foible que celui de France de $\frac{1}{16}$ ou de $6\frac{1}{4}$ pour cent, & il faut $4915\frac{1}{5}$ grains du poids de Portugal, pour former les 4608 grains qui composent le marc du poids françois ; & d'après cette proportion,

		Grains du poids françois.	Grains du poids de Portugal.
LE MARC DU POIDS FRANÇOIS pesant 8 onces ou....		4608........pèse.....	$4915\frac{1}{5}$.
L'once pesant.................... 8 gros ou.....		576...............	$614\frac{2}{5}$.
Le gros pesant................ 3 deniers ou...		72................	$76\frac{4}{5}$.
Le denier ou..........................		24................	$25\frac{3}{5}$.
Le grain...........................		1................	$1\frac{1}{15}$.
Le louis pesant....................		$153\frac{3}{10}$........	$163\frac{13}{25}$.
LE MARC DE PORTUGAL pesant..... 8 onces, pèse	4320	....	4608.
L'once de.................... 8 octaves, pèse	540	....	576.
L'octave........................	$67\frac{1}{2}$	....	72.

Les Portugais expriment, ainsi que nous, la qualité de l'or par carats, dont 24 pour l'or pur ; & celle de l'argent par deniers, dont 12 pour l'argent sans alliage. Ils subdivisent les carats & les deniers, suivant le besoin, pour exprimer les différens degrés de finesse de la matière dont ils annoncent le titre.

L'usage des Essayeurs portugais est de prendre, depuis 6 jusqu'à 12 grains d'or, pour faire l'essai de l'or, & une demi-octave d'argent pour un essai d'argent.

PRATIQUE
POUR LES ESSAIS D'OR EN PORTUGAL.

IL est ordonné à Lisbonne, ainsi qu'au Bresil, où l'on bat aussi monnoie, de peser avec l'attention la plus scrupuleuse, l'or dont on doit faire l'essai. On y mêle ensuite une portion d'argent qui soit reconnu exempt d'or, avec la précaution que plus l'or paroit fin, plus la portion d'argent approche du double de la quantité d'or. On enveloppe soigneusement le tout dans un morceau de papier : on fait un feu de reverbère, dans un fourneau garni d'un vase de terre, où l'on met la coupelle. La coupelle étant bien rouge & recuite, on y met un morceau de plomb essayé ; & quand il est fondu & clair, on y jette avec de petites pincettes la matière de l'essai qu'on y fait bouillir, jusqu'à ce qu'elle ressemble à l'opale. Lorsqu'on juge que l'or est parvenu à cette couleur, on laisse refroidir la coupelle dans le fourneau, & en la retirant, on trouve au fond un bouton d'or qu'on détache & qu'on nétoye avec soin : on amincit ensuite cette petite pièce d'or, au point de pouvoir la rouler en forme de cornet. On purifie ce cornet avec de l'eau-forte un peu affoiblie ; & quand on remarque qu'elle n'agit plus, on la verse par inclinaison. Le cornet étant resté à sec dans le matras, on y verse de nouvelle eau-forte sans mélange, qu'on fait encore bouillir ; & dès qu'on aperçoit des fumées blanches, on retire le matras du feu, on en fait sortir par inclinaison l'eau-forte qui y étoit restée. Après cette opération, on lave le cornet avec de l'eau pure, on le coule doucement dans un creuset où on le fait recuire, & quand le creuset a pris une couleur de cerise, on le retire du feu. Alors il n'est plus question que de peser le cornet ; on le remet donc dans les mêmes balances dont on s'est servi d'abord, on le pèse avec le même poids de fin, & l'on constate la différence qui se trouve entre la première & cette seconde pesée : le résultat donne ce qu'on cherchoit, c'est-à-dire, le titre de l'or que l'on a essayé.

PRATIQUE

POUR LES ESSAIS D'ARGENT EN PORTUGAL.

O N commence par peſer avec toute l'exactitude poſſible la matière de l'argent qui doit ſervir à faire l'eſſai ; enſuite on l'enveloppe dans un morceau de papier. On fait, comme pour l'eſſai de l'or, un feu de reverbère dans un fourneau garni d'un vaiſſeau de terre, où l'on met la coupelle qu'on y laiſſe bien recuire ; on met enſuite dans cette coupelle un morceau de plomb eſſayé, dont le poids eſt proportionné à la quantité & à la qualité de l'argent de l'eſſai, c'eſt-à-dire, huit parties de plomb ſur une d'argent qui paroît être à 11 deniers ou approchant. On obſerve d'employer davantage de plomb, ſelon que le titre de l'argent paroît plus bas *. Quand le plomb eſt fondu & bien clair, on y jette avec de petites pincettes l'argent de l'eſſai ; on l'y laiſſe bouillir juſqu'à ce qu'il paroiſſe de couleur d'opale, & après une demi-heure de ce feu, on laiſſe refroidir la coupelle dans le fourneau, & quand on l'en retire, on trouve au fond un petit bouton d'argent qu'on détache & qu'on nétoye exactement. Après cette opération, on pèſe ce bouton avec les mêmes balances dont on s'eſt d'abord ſervi, avec le même poids de fin & les mêmes précautions. On obſerve exactement la différence qui ſe trouve entre la première peſée & la ſeconde ; & le réſultat montre la diminution de la matière qui a été eſſayée, & donne l'état & le titre de l'argent d'où a été tirée la partie qui a ſervi à faire l'eſſai.

On ſe ſert encore de deux autres moyens pour juger du titre de l'argent, & les Eſſayeurs portugais y ont le plus ſouvent recours. Il leur eſt même enjoint par deux règlemens de l'hôtel-de-ville de Liſbonne, du 13 Juillet 1689 & du 10 Mars 1693, confirmés par les décrets du roi Don Pierre II, d'employer ces deux méthodes comme généralement uſitées dans tous les autres royaumes ; c'eſt l'eſſai aux *Touchaux* & l'eſſai à l'*Échoppe*, que les Portugais nomment *Burilada*, mot qui ſignifie *coup de burin*. Cette ſeconde manière d'eſſayer l'argent (*Burilada*) ſe fait en enlevant par des coups de burin quelques petits morceaux de la pièce ou lingot qu'on veut eſſayer, & d'un autre morceau d'argent dont le titre eſt bien connu, & qui au coup d'œil paroît ſemblable à l'argent qu'il s'agit d'eſſayer. On fait recuire dans une caſſolette ces morceaux enlevés au burin, on les laiſſe enſuite refroidir, puis on les compare ; on en examine la couleur : on juge la plus blanche du plus haut titre, car l'argent du titre inférieur paroît d'une couleur brune & tirant ſur le noir.

COMPOSITION

DES COUPELLES POUR L'OR ET POUR L'ARGENT.

L ES coupelles ſont compoſées de ſarment & d'os de pieds de mouton calcinés, leſſivés, mêlés & battus enſemble. L'eſpèce de vernis blanc dont le fond de la coupelle eſt enduit, ſe fait avec de la corne de cerf calcinée & délayée dans de l'eau de fontaine.

---

* Le plus habile homme qui ait jamais travaillé à la Monnoie de Liſbonne, feu *Roch François*, Eſſayeur général, mettoit ſeulement la moitié du poids ordinaire appelé *femelle*, & la même quantité de plomb que ſi l'argent étoit plus fin, par exemple, deux octaves de plomb pour dix-huit grains d'argent.

ÉVALUATION

DES ESPÈCES D'OR ET D'ARGENT, MONNOYÉES EN PORTUGAL,

d'après plusieurs essais authentiques

O R.

	MILLÉSIME.	POIDS.				TITRE.		GRAINS du poids françois en matière pure.		VALEUR NUMÉRAIRE d'après la valeur intrinsèque du marc d'or monnoyé en France, ayant cours pour 720 livres, & contenant $4155\frac{111}{128}.^{es}$ grains de poids en matière pure.			
		onc.	gros	grains.		carats	$32.^{es}$	grains.		liv.	sous	den.	
Pièce de cinq monnoyes................	1727.	1.	6.	//	3	22.	//	926.	$\frac{3456}{4508}.^{es}$	160.	11.	2.	$\frac{9122}{177317}.^{es}$
Cruzade.......................	1734.	//	//	//	18	21.	28	16.	1872	2.	16.	10.	29806
Pièce de 12800 réis..........	1732.	//	7.	//	35	22.	//	494.	384	85.	11.	11.	154469
Pièce d'or................	1723.	//	//	$\frac{1}{2}$	24	22.	//	55.	//	9.	10.	6.	157338

A R G E N T.

	MILLÉSIME.	POIDS.				TITRE.		GRAINS du poids françois en matière pure.		VALEUR NUMÉRAIRE d'après la valeur intrinsèque du marc d'argent monnoyé en France, ayant cours pour 49 livres 16 sous, & contenant $4175\frac{13}{34}.^{es}$ grains de poids en matière pure.			
		onc.	gros			deniers	$24.^{es}$	grains.		liv.	sous	den.	
Teston........................	1702.	//	//	$\frac{1}{2}$	32	10.	18	60.	4224	//	14.	6.	$\frac{94842}{267253}.^{es}$
Cruzade neuve..................	1750.	//	3.	$\frac{1}{2}$	32	10.	19	255.	1856	3.	//	11.	2793

Nota. Quoiqu'on se soit borné dans cet ouvrage à considérer les monnoies étrangères uniquement par leur valeur intrinsèque, nous croyons qu'il est bon de prévenir que depuis la loi donnée par Don Jean V en 1732, on ne fabrique plus en Portugal aucune monnoie dont la valeur numéraire excède 4800 reis; c'est ce qui fait que les pièces de 5 monnoies sont devenues fort rares, & encore plus celles de 8 monnoies qu'on fabriquoit anciennement.

Voici quelles sont celles que Don Joseph Ier a fait frapper jusqu'à ce jour ; *Savoir :*

Pièces d'or de 4 octaves....... qui ont cours pour 6400 reis.

de 2 octaves................ pour 3200

de 1 octave................ pour 1600

de $\frac{1}{2}$ octave................ pour 800

& la Cruzade neuve qui a cours pour 480

Pièces d'argent appelées Demi-teston, qui ont cours pour 50 reis.

Monnoie de 3 vintems........ pour 60

Teston.................. pour 100

de 6 vintems............. pour 120

de 12 vintems............. pour 240

& la Cruzade neuve........ pour 480, comme la petite pièce d'or qui a le même nom.

PROPORTION DE L'OR AVEC L'ARGENT
pour les Matières monnoyées en Portugal.

La pièce de 12800 reis, du poids réel de 539 grains, au titre de 22 carats, contient réellement $494\frac{384}{4608}^{es}$ grains du poids françois en matière pure, & elle a cours numérairement en Portugal pour. . . . . 12800 reis.

Dans la même proportion, un marc d'or pur, ou 4608 grains du poids françois en matière pure, auroit cours en Portugal pour. . . . . $119377\frac{2567}{5928}^{es}$.

————————

Le teston, du poids réel de 68 grains, au titre de 10 deniers $\frac{18}{24}^{es}$, contient réellement $60\frac{4224}{4608}^{es}$ grains du poids françois en matière pure, & il a cours numérairement en Portugal pour . . . . 100 reis.

Dans la même proportion, un marc d'argent pur, ou 4608 grains du poids françois en matière pure, auroit cours en Portugal pour. . . . . $7564\frac{316}{731}^{es}$.

————————

La proportion résultante de ces valeurs numéraires en Portugal, entre l'or & l'argent, est de $15\frac{4633}{5929}^{es}$ marcs d'argent pour un marc d'or.

PARITÉS RÉSULTANTES
des valeurs intrinsèques pour le change entre la France & le Portugal.

POUR L'OR.

Le $\frac{1}{8}^e$ d'un louis devroit peser. . . . . $17\frac{3237}{10240}^{es}$ grains en matière pure.
$448\frac{509}{847}^{es}$ reis en matière d'or, composent les mêmes . . . . $17\frac{3237}{10240}^{es}$ grains, *idem.*

POUR L'ARGENT.

Le $\frac{1}{2}$ écu de France contient . . . . $251\frac{2953}{5312}^{es}$ grains en matière pure.
$412\frac{330771}{242692}^{es}$ reis en matière d'argent, composent les mêmes. . . . $251\frac{2953}{5312}^{es}$ grains, *idem.*

————————

La différence de ces parités pour le change, provient de celle qui subsiste dans la proportion de l'or à l'argent dans les deux États.

En Portugal, cette proportion est de $15\frac{4633}{5929}^{es}$ marcs d'argent pour un marc d'or.

En France, elle est de. . . . . $14\frac{15186}{28801}^{es}$ marcs d'argent pour un marc d'or.

Ces deux proportions diffèrent entr'elles de $8\frac{3}{5}$ un peu plus pour cent, & la même différence se rencontre entre les deux parités pour le change, qui sont :

Prise sur les matières d'or, à . . . . . $448\frac{509}{847}^{es}$ reis pour un écu.

Prise sur les matières d'argent, à . . . $412\frac{330771}{242692}^{es}$ reis pour un écu de 60 sous.

————————

La valeur numéraire du marc d'or & du marc d'argent monnoyé, a varié en Portugal, comme dans tous les autres pays. Nous avons fous les yeux une Table de ces variations, qui commence à l'année 1536 : on y voit que le marc d'or, au titre de $22\frac{1}{8}$ carats, avoit cours dans ce temps pour 30000 reis ; & le marc d'argent, au titre de 11 deniers, pour 2600 reis. Cette valeur numéraire a toujours augmenté progreſſivement juſqu'à l'époque de la loi donnée le 4 Août 1688, pour l'augmentation des eſpèces d'or & d'argent, qui fixa la valeur du marc d'or monnoyé, au titre de 22 carats, à 96000 reis ; & celle de l'or travaillé, du titre de 20 carats 2 grains, à 89600 reis ; celle du marc d'argent monnoyé, au titre de 11 deniers, à 6000 reis, & celle de l'argent travaillé, du titre de 10 deniers 6 grains, à 5600 reis.

Depuis ce moment, la valeur des monnoies n'a plus varié ; & elle eſt encore aujourd'hui la même en Portugal.

Le Roi de Portugal retient ſur l'or qu'on porte à la Monnoie pour y être monnoyé, ſon droit de braſſage & de ſeigneuriage, qui eſt de 100 reis ſur chaque octave, dont 64 font le marc ; ainſi ce droit monte à 6400 reis ſur la totalité du marc d'or monnoyé ; & quand on dit que la loi de 1688 a fixé la valeur du marc d'or monnoyé à 96000 reis, on doit entendre que le Roi ne donne que cette ſomme pour un marc d'or qu'on apporte à l'Hôtel des monnoies pour y être monnoyé, quoique le marc d'or ait cours numérairement dans le royaume pour. . . . . 102400 reis.

De même, le marc d'argent, pour lequel on ne donne que 6000 reis au Particulier qui le porte à la monnoie, parce que le droit de ſeigneuriage & de braſſage eſt de 400 reis qu'on retient, a cours numérairement en Portugal pour . . . . 6400 reis.

Ce qui établit entre l'or & l'argent monnoyé une proportion exacte de 16 marcs d'argent pour un marc d'or.

Cherchons à préſent par une autre voie que celle que nous avons priſe dans nos calculs antécédens, quelle ſeroit la valeur numéraire pour laquelle le marc d'or pur & le marc d'argent pur du poids françois auroient cours en Portugal, ſi l'on calculoit cette valeur ſur les poids & les titres que les Portugais prétendent avoir donnés à leurs monnoies.

Le marc d'or du poids de Portugal, fabriqué au titre de 22 carats, ayant cours numérairement en Portugal pour 102400 reis, celui qui ſeroit fabriqué au titre de 24 carats, y auroit cours pour $111709\frac{1}{11}$.^e reis, parce que la valeur numéraire devroit augmenter à proportion de la fineſſe de la matière ; & dans la même proportion le marc d'or pur du poids françois, qui eſt plus fort de $6\frac{2}{3}$ pour cent que celui de Portugal, auroit cours dans ce royaume pour. . . . . $119156\frac{4}{11}$.^{es} reis.

Le marc d'argent du poids Portugais, *dit être* au titre de 11 deniers, ayant cours numérairement en Portugal pour 6400 reis, celui qui ſeroit entièrement pur, y auroit cours pour $6981\frac{8}{11}$.^{es} reis ; & dans la même proportion le marc d'argent pur du poids françois, qui eſt plus fort que celui de Portugal de $6\frac{2}{3}$ pour cent, auroit cours dans ce royaume pour . . . . $7447\frac{3}{11}$.^{es} reis.

Ce qui établiroit une proportion exacte de 16 marcs d'argent pour un marc d'or.

On voit au contraire par nos calculs antécédens ſur les monnoies de Portugal, que nous ne trouvons pour cette proportion que $15\frac{4633}{5929}$.^{es} marcs d'argent pour un marc d'or. Voici d'où vient cette différence.

POUR L'OR.

L'once de Portugal eſt la huitième partie du marc, & contient 576 grains.

La pièce d'or de 12800 reis, qui a ſervi de baſe à nos calculs pour l'or, pèſe une once, & contient par conſéquent 576 grains du poids portugais.

L'once du poids portugais eſt plus foible de $6\frac{1}{4}$ pour cent que l'once du poids françois, qui contient également 576 grains de poids.

La pièce de 12800 reis, faifant une once portugaife, doit donc pefer 540 grains effectifs du poids françois.

Mais il s'eft trouvé que cette pièce, au lieu de pefer 540 grains de notre poids, n'en pèfe que 539, & c'eft de-là que provient la différence qui fe rencontre entre notre évaluation du marc d'or en Portugal, & celle qui y exifte effectivement ; car la valeur intrinsèque d'une monnoie doit varier néceffairement felon que fon poids & fon titre varient : en effet, la pièce de 12800 reis, fabriquée au titre de 22 carats, ne pefant que 539 grains de notre poids, ne contient que $494\frac{1}{12}$.[e] grains du même poids en matière pure, & donne pour la valeur du marc d'or pur du poids françois $119377\frac{2567}{5929}$.[es] reis ; au lieu que fi le poids réel de cette même pièce étoit (comme il devroit l'être) de 540 grains, elle en contiendroit 495 en matière pure, dont la valeur numéraire étant 12800 reis, donneroit, dans la même proportion, pour celle du marc d'or pur, ou de 4608 grains du poids françois, $119156\frac{4}{11}$.[es] reis.

POUR L'ARGENT.

L'octave eft la 64.e partie du marc de Portugal, & pèfe 72 grains.

Le tefton, qui a fervi de bafe à nos calculs pour l'argent, pèfe une octave, & contient par conféquent 72 grains du poids de Portugal.

L'octave de Portugal eft plus foible de $6\frac{1}{4}$ pour cent que le gros de France, qui eft auffi la 64.e partie du marc françois, & qui contient 72 grains du même poids.

Le tefton faifant une octave, devroit donc pefer $67\frac{1}{2}$ grains du poids françois.

Mais il s'eft trouvé que le tefton en pefoit effectivement 68 ; & c'eft d'où provient la différence qui fe rencontre entre notre évaluation du marc d'argent & celle qui exifte en Portugal. Il ne faut pas omettre une autre caufe très-effentielle de cette différence : c'eft que nous n'avons trouvé le tefton fabriqué qu'au titre de 10 deniers $\frac{18}{24}$.[es], au lieu qu'on prétend en Portugal que tout l'argent monnoyé y eft fabriqué au titre de 11 deniers. Le tefton pefant 68 grains françois, & étant fabriqué au titre que nous avons trouvé, il ne contient que $60\frac{11}{12}$.[es] grains en matière pure ; & fa valeur numéraire étant 100 reis, celle du marc d'argent pur du poids françois doit être en Portugal de $7564\frac{316}{731}$.[es] reis : au lieu que fi ce même tefton étoit au titre de 11 deniers, comme on le prétend, & qu'il n'eût que le poids réel qu'il doit avoir ; c'eft-à-dire la 64.e partie, ou 72 grains du marc portugais, qui font exactement $67\frac{1}{2}$ grains de notre poids ; il ne contiendroit que $61\frac{7}{8}$.[es] grains du poids françois en matière pure, dont la valeur numéraire étant 100 reis, donneroit pour celle du marc d'argent pur, ou de 4608 grains du poids françois . . . . $7447\frac{3}{11}$.[es] reis.

Ce qui donneroit 16 marcs d'argent pour un marc d'or, & reviendroit exactement aux proportions que nous avons trouvées plus haut : c'eft ce que nous venons de démontrer.

Toute la différence qui fe trouve entre le réfultat de nos calculs & la proportion que l'on prétend exiftante en Portugal, vient donc,

1.° De ce que la pièce d'or d'or de 12800 reis, qui devroit pefer 540 grains de notre poids, n'en pèfe que 539.

2.° De ce que le tefton, qui ne devroit pefer que $67\frac{1}{2}$ grains effectifs de notre poids, en pèfe 68.

3.° De ce que le titre de cette même pièce ne s'eft trouvé que de $10\frac{18}{24}$.[es] deniers lors de l'effai, au lieu qu'on prétend en Portugal qu'il y eft monnoyé, comme toutes les efpèces d'argent, à 11 deniers.

Mais il nous fuffit de faire apercevoir d'où vient cette différence, fans qu'on puiffe dire, parce qu'il s'en trouve une, que nos calculs font fautifs, puifque nous n'avons pu & même dû établir nos proportions que fur la valeur intrinsèque qui a réfulté de la pefée & de l'effai qu'on a fait du tefton & de la pièce de 12800 reis : & cette différence elle-même eft une preuve de la bonté de la méthode que nous avons adoptée dans nos calculs, puifqu'elle nous fait voir qu'au moyen de cette même méthode nous pouvons connoître la véritable valeur intrinsèque & les vraies proportions des monnoies d'après la feule chofe qui ne puiffe pas nous induire en erreur; c'eft-à-dire d'après leurs vrais poids & leurs vrais titres, fans nous arrêter au poids & au titre ordonné dans chaque État, & dont on s'éloigne quelquefois dans la fabrication par défaut d'exactitude.

On objectera fans doute que nous ne pouvons pas affurer que nos calculs fur les monnoies de Portugal foient les feuls bons, puifque nous ne les avons établis que fur deux pièces, parce qu'il peut fe rencontrer dans celles que nous avons comparées, quelque défaut qui ne fe feroit pas rencontré dans d'autres. Pour répondre à cette objection, nous n'avons qu'à renvoyer au Tableau que nous avons donné *(page 31)* des monnoies du Portugal contenues dans le Médaillier du Roi, & qui ont été effayées: on y verra qu'il n'y a pas une feule de ces pièces, foit d'or, foit d'argent, qui ne diffère dans le poids ou dans le titre de ce qui eft ordonné en Portugal: Et la différence que nous trouvons entre les proportions qu'on prétend qui exiftent dans ce royaume & celles que nous établiffons, auroit peut-être été encore plus fenfible, fi nous euffions pris pour pièces de comparaifon quelques autres monnoies que celles qui ont fervi de bafe à nos calculs.

On ne dira pas non plus que c'eft le frai qui a fait perdre une partie de fon poids à la pièce dont nous nous fommes fervis; car cette pièce étoit très-bien confervée, & fon épaiffeur la préferve d'une diminution qui feroit plus à craindre dans une pièce d'un moindre volume.

On ne peut donc objecter autre chofe, fi ce n'eft que l'on a pefé & effayé ces monnoies avec peu de foin; & l'on peut répondre avec affurance qu'on y a apporté toutes les précautions poffibles: d'ailleurs, quelque peu de foin qu'on eût pris en effayant, on ne conçoit pas comment on fe feroit négligé au point de trouver une différence auffi grande que $\frac{6}{24}$.ᵉˢ de denier fur de l'argent qui auroit été fabriqué à 11 deniers.

Au furplus, on doit d'autant moins s'étonner de ces variations, qu'il y en a néceffairement dans la fabrication de toutes les efpèces de tous les États, par l'impoffibilité prefque phyfique d'arriver jufte au poids & au titre ordonné; c'eft pour cela qu'on a déjà prévenu dans le Difcours préliminaire *(page 9)* des raifons qui ont fait fixer le titre des monnoies d'argent de France à 10 deniers $\frac{11\frac{1}{2}}{24}$.ᵉˢ, quoique communément elles foient à 10 $\frac{22}{24}$.ᵉˢ & quelquefois $\frac{23}{24}$ & 11 deniers: & l'on prévient ici, par rapport aux louis d'or, qu'ils font fouvent à 21 carats $\frac{23}{32}$ & $\frac{24}{32}$.ᵉˢ, quoiqu'on ne les ait fixés qu'à 21 carats $\frac{22}{32}$.ᵉˢ, & que l'on n'a établi l'or & l'argent de France à ces deux titres, que pour partir d'un point rigoureux qui pût fervir de bafe aux calculs, en fuppofant prefque tous les remèdes de loi employés; ce qui n'arrive jamais & ne doit jamais arriver, par les inconvéniens qui en réfulteroient au préjudice des fabricateurs eux-mêmes.

AVIS.

SI l'on peut se flatter d'avoir procuré quelque utilité au Commerce, en démontrant la possibilité de réduire à une même valeur toutes les Monnoies de l'Univers, ce ne seroit peut-être pas un ouvrage moins utile & moins digne d'être entrepris, que d'établir également des Mesures universelles & invariables.

On a déjà fait avec assez de succès des essais sur différentes sortes de mesures, par exemple, les Baromètres & les Thermomètres, qui sont d'un usage universel.

Il semble que celle des poids, des volumes & des étendues, est renfermée dans l'idée d'une mesure universelle & invariable des longueurs que M. *de la Condamine* a proposée à l'Académie le 28 Avril 1745, dans la relation abrégée qu'il y lut de son Voyage sous l'Équateur. (Cette relation a été imprimée à Paris en 1745) De ce qu'expose cet Académicien, on pourroit conclure, après lui, qu'on peut prendre pour mesure commune celle qu'il propose, c'est-à-dire, la longueur du pendule qui bat les secondes, mesurée sous l'Équateur au niveau de la mer.

Tout le monde étant d'accord de compter 365 jours $\frac{1}{4}$ à l'année, 24 heures au jour, 60 minutes à l'heure, & 60 secondes à la minute, le pendule qui bat une seconde par oscillation, sera toujours aisé à retrouver & à vérifier ; & comme ce pendule n'est pas précisément de la même longueur par toute la Terre, mais qu'il est d'autant plus court, qu'on est plus près de l'Équateur, il semble plus à propos de choisir le pendule sous l'Équateur même que dans tout autre lieu, tant parce qu'il est unique, que parce qu'il n'appartient pas plus à une nation qu'à une autre.

Ce pendule se trouve exactement mesuré à 3 pieds, o pouce, 7 lignes, $\frac{1}{10}$.^e de ligne de la toise actuelle du Châtelet. Il faudroit donner un nom quelconque à cette mesure. Supposons qu'on l'appelle *Aune de l'Équateur:* la division devroit en être faite en 10.es, 100.es, 1000.es, &c. &c. pour la facilité des calculs.

Voilà une longueur constante & invariable, prise dans la Nature même, propre à être reçue pour mesure linéaire universelle, sur laquelle on mesureroit toutes les longueurs, comme aunes, verges, vares, toises, pieds, &c. &c. & aussi toutes les distances, comme milles, lieues, &c. &c. plus, tous les volumes, comme muids, barriques, tonnes, boisseaux, &c. &c.

Cette mesure seroit également propre à tirer celle des poids ; en effet, il suffiroit d'établir un poids constant & facile à retrouver & vérifier, s'il venoit à se perdre ou à s'altérer. Que ce poids soit, par exemple, celui d'une matière déterminée, dont le volume soit le 10.e cube de l'aune de l'Équateur, auquel poids on donneroit, par supposition, le nom de *livre de l'Équateur.* Il ne seroit plus question que de choisir la matière dont on devroit se servir.

La pesanteur spécifique de cette matière devroit être assurée, universelle & invariable ; un corps qu'il fût toujours facile de trouver de la même qualité & sans mélange de corps étrangers qui pussent altérer sa pesanteur spécifique.

Les liquides paroissent devoir mieux remplir ces conditions que les solides.

Entre les liquides simples, on pourroit choisir le mercure purifié, ou de l'eau de pluie également purifiée, soit par la distillation, soit par le mélange du mercure, soit enfin par le repos.

Ce choix fait, il faudroit garder ce liquide & l'étalon du 10.e cube de l'aune de l'Équateur, dans un lieu où la température de l'air fût toujours la même, comme seroient les caves de l'Observatoire ; parce que le chaud dilate, & que le froid condense les molécules de tous les corps, & sur-tout des liquides, & qu'ils changent ainsi leur pesanteur spécifique.

Dans ce lieu où l'on auroit gardé le liquide en question, & un cube parfait du 10.e de l'aune de l'équateur, lequel seroit composé d'une matière spécifiquement plus pesante que le liquide ; on pèseroit ce cube dans l'air, & ensuite dans le liquide choisi ; la différence de ces deux poids seroit le poids d'un cube du liquide de pareil volume, auquel on donneroit le nom de *livre de l'Équateur.* Les subdivisions de cette livre se feroient également par 10.es, 100.es, 1000.es, &c. &c.

Mais afin que le procédé qu'on propose ici pût être uniforme par toute la Terre, il faudroit placer un Thermomètre fait d'après les principes de M. *de Reaumur,* dans le lieu que l'on auroit choisi pour garder le liquide & le cube avant l'opération, & convenir du degré où devroit être la liqueur dans le Thermomètre au moment où l'on pèseroit le cube dans l'air & dans le liquide.

L'Auteur de l'Ouvrage sur les Monnoies se propose de travailler à comparer toutes les mesures d'étendue & de continence à cette mesure universelle, si l'on en sent comme lui l'utilité. Il invite les personnes intelligentes, à vouloir bien l'aider dans ce projet, en lui faisant part de leurs lumières. Elles pourront lui adresser leurs observations, sous le couvert de M. Chauvelin, Conseiller d'État & Intendant des Finances.

TABLES

QUI INDIQUENT

LA VALEUR INTRINSÈQUE

DES

MONNOIES ÉTRANGÈRES

COURANTES ET ANCIENNES,

Contenues dans le Médaillier monétaire du Roi, & essayées à Paris.

ÉVALUATION

En grains de poids de matière pure des Monnoies contenues dans le Médaillier monétaire du Roi, d'après les essais qui en ont été faits par l'Essayeur général & l'Essayeur particulier de la Monnoie de Paris.

	MILLÉSIMES.	POIDS.				TITRE suivant l'Essayeur général.		TITRE suivant l'Essayeur particulier.		TITRE MITOYEN.	VALEUR en grains de poids du marc françois en matière pure.	
		onces	gros	½ gros	grains	carats		carats			grains	de poids.
FRANCE. *Or.*												
Louis de 36¼ au marc (ancien)			1	½	14	21	24	21	24		110	$\frac{2592}{4608}$ e.
Louis aux LL (ancien)			1	½	13	21	24				109	3024.
Louis au soleil (ancien)			2	..	9	21	24				138	3024.
LORRAINE. *Or.*												
Léopold de 25 au marc	1719.		2	½	4	21	24	21	24		116	3456.
Léopold de 36¼	1702.		1	½	16	21	24	21	24		112	1728.
François d'or de 36¼	1736.		1	½	17	21	28	21	28		113	4296.
Léopold	1717.		3	..	13	21	16				205	672.
Argent.						den.		den.				
Teston	1581.		2	..	28	9	7				133	832.
Double teston de François III			4	..	12	9	3				228	576.
Teston de Charles III			7	..	18	11	8				493	
Teston de Léopold I.er			2	..	12	9	4				119	768.
Teston de François III			2	..	6	9	3				114	288.
Teston d'argent			2	..	18	9	5				124	1440.
Teston d'argent	1521.			½	5	9	8				31	4096.
Léopold de 8 au marc	1710.		7	½	34	10	22	10	22		522	832.
Léopold de 9 au marc	1704.		7	..	8	10	23	10	23		467	2560.
Demi-Léopold	1716.		2	..	12	9	5	9	5		119	3264.
Sixième de Léopold	1725.			½	27	10	18	10	18		56	2016.
Teston de 13 au marc	1720.		4	½	29	10	18	10	18		316	1056.
Teston de Charles de 29¼	1581.		2	..	27	9	5	9	5		131	1008.
Teston de Charles IV	1669.		2	..	18	9	2	9	2		122	2880.
Teston de Léopold I.er	1704.		2	..	14	9	6	9	6		121	3648.
Teston fabriqué en 1705, & réformé en 1710			2	..	12	9	6	9	6		120	1152.
Teston	1723.		2	..	8	9	3	9	3		116	512.
Teston de François III	1736.		2	..	8	9	3	9	3		115	2688.
Demi-teston	1666.		1	..	8	9		9			60	
Demi-Léopold	1724.		2	½	10	10	23				173	2336.
Demi-teston	1721.		2	..	31	9	6				134	4128.

	MILLÉSIMES.	_ POIDS (onces)	gros	½ gros	grains	TITRE suivant l'Essayeur général		TITRE suivant l'Essayeur particulier		TITRE MITOYEN.		VALEUR en grains de poids du marc françois en matière pure (grains)	de poids
ESPAGNE.													
Or.													
Pistole			1	½	17	21	24					113	1296 cs/4608
Pistole ancienne de Ferdinand & d'Isabelle			1	½	21	23	24	23	26	23	25	127	3798
Pièce d'or	1723		1	½	16	21	16	21	16			111	384
Quart de pistole à l'effigie & aux armes, sans toison, nouveau coin	1753				33	21	16	21	16			29	2592
Pistole, *idem*	1733		1	½	19	22		22				116	1920
Doublon de à ocho, ou quadruple	1750		7		4	22						465	3072
Escudo de oro, ou écu d'or	1755				33	21	24					29	4176
Quadruple du Pérou			7			21	24					456	3456
Double pistole au balancier, à la croix potencée & à la toison	1723		3	½		22						231	
Idem au balancier, à la croix potencée & à l'écusson simple	1712		3		30	21	24					222	4320
Idem cornue très-ancienne, sans millésime			3	½	1	21	24					229	1296
Simple pistole, *idem*, à la croix & aux armes			1	½	19	21	24					115	432
Demi-pistole, *idem*, très-ancienne				½	27	21	28					57	1944
Argent.													
Pièce de Philippe IV, à l'écusson & à la croix couronnée	1636		7		21	10 (den.)	9	10	9			453	4176
Pièce du même, à l'effigie & aux armes supportées par des lions	1630	1			33	11	2	11	2			562	2208
Pièce de Charles II, à l'effigie & aux armes	1672		4		4	11		11				267	3072
Écu de Philippe V à la légende d'Autriche, de Bourgogne & de Brabant	1703	1		½	1	10	22	10	22			557	3040
Division de la piastre aux deux globes	1743			½	27	10	20	10	20			56	4032
Piastre, dite Péruvienne	1744		7		1	10	20					455	4160
Piastre vieille du Mexique			7			10	20					455	
Piastre forte, dite patiño	1728		3	½	1	10	22					230	736
Piastre vieille, dite du Pérou			7			10	21					456	3456
Réale de plate au cordon, dixième de la piastre forte	1754			½	19	9	22					45	2080
Réale aux colonnes	1724				33	9	21					27	720
Réalillos ou demi-réaux de plate	1735				28	9	21					23	192
Piastre aux deux globes	1748		7		5	10	20					459	2368
Piastre, dite nouveau Mexique, quarré long			6	½	30	10	22					453	192
Piastre, dite vieille Mexique			6	½	33	10	20					452	1344
Piastre vieille du Pérou			7		6	10	20					460	1920
PORTUGAL.													
Or.													
Pièce de 5 monnoies	1727	1	6		3	22 (carats)						926	3456
Cruzade	1734				18	21	28					16	1872
Pièce de 12800 reis	1732		7		35	22						494	384
Pièce d'or	1723			½	24	22		22				55	
Argent.													
Teston	1702			½	32	10 (den.)	18	10	18			60	4224
Crusade neuve	1750		3	½	32	10	19					255	1856

ANGLETERRE.

	MILLÉSIMES	POIDS — onces	gros	½ gros	grains	TITRE suivant l'Essayeur général (carats/den.)			TITRE suivant l'Essayeur particulier (carats/den.)			TITRE MITOYEN			VALEUR en grains de poids du marc françois en matière pure — grains	de poids
ANGLETERRE. *Or.*																
Pièce de 5 guinées	1672.	1	2	½	25	21	30		21	30					713	4068/4608 es
Demi-guinée	1701.		1		3	21	24		21	24					67	4464
Guinée	1753.		2		13	22									143	4224
Argent.																
Couronne	1696.		7	½	17	11			11						510	2688
Pièce de quatre pennings	1619.				34	10	22		10	22					30	4288
Penning	1740.				9	11			11						8	1152
Schelling	1750.		1	½	5	11	2								104	1696
Demi-couronne	1745.		3	½	30	11	1	¾							260	984
HOLLANDE. *Or.*																
Ducat valant 5 florins 5 sous courans	1755.			½	29	23	16								63	2976
Rider valant 14 florins courans	1751.		2	½	7	22									171	1920
Argent.																
Daalder d'Utrecht	1689.		4		6	10	16								261	1536
Daalder de Westfrise	1685.		4		8	10	17								264	640
Gulde ou Florin	1748.		2	½	14	10	20								175	640
Schelling	1601.		1		18	6	20								51	1152
Schelling	1681.		1		14	6	16								47	3584
Schelling de Westfrise	1621.		1		28	5	16								47	1024
Schelling de Zélande	1614.		1		15	6	19	½							49	1800
Dubelteye	1717.				24	6	12								13	
Stuiver	1739.				13	6	18								7	1440
Ducaton	1750.	1		½	2	11	3								569	1056
Drye-Gulde	1721.	1			19	10	21								539	1008
Rixdaller	1755.		7		20	10	8								451	1024
ROME. *Or.*																
Double-sequin	1748.		1	½	20	22	24								121	1536
Sequin	1754.			½	28	23	20								63	
Quatrin					17	21	24		21	24					15	1872
Double-sequin			1	½	20	23	30								127	3072
Ducat du Pape				½	28	23	20								63	
Argent.																
Teston			2		11	11									136	2688
Paul, demi & quart				½	12	10	23		11			10	23	½	43	4224
Teston			2		14	10	22		10	22					143	3392
Quart de Teston	1750.			½	15	5	12		5	12					23	1728
Ducaton		1			15	10	21		10	21					535	3836

Colonnes : **POIDS** (onces, gros, ½ gros, grains) ; **TITRE suivant l'Essayeur général** et **TITRE suivant l'Essayeur particulier** (chacun en carats ou deniers, grains, fraction) ; **TITRE MITOYEN** ; **VALEUR en grains de poids du marc françois en matière pure** (grains, de poids).

	MILLÉSIMES	Onces	Gros	½ grs	Grains	Tit. gén.	gr.	fr.	Tit. part.	gr.	fr.	Mitoyen			Valeur grains	de poids
Suite de ROME.																
Ducaton d'Innocent XI		1			18	10	21		10	21					538	1440/4608
Demi-Jucaton du même			4		8	10	21		10	21					268	1152
Ducaton d'Urbain VIII		1			10	11	18		11	18					573	3648
Demi-ducaton d'Innocent XII			4		6	10	22		10	22					267	2112
Écu	1753		6	½	28	10	23								452	4352
Demi-teston	1751	1			31	5	21								50	1968
GENES.																
Or.																
Pièce de 5 piftoles	1641	1		½	21	22	8		22	8					586	3888
Pièce de 4 piftoles	1720		7		2	21	24								458	2592
Sequin	1736			½	29	23	31								64	4218
Double Génovine			7		26	22									485	3840
Argent.																
Vizelini de Ragufe			7		30	6	18								300	1728
Quart de Génovine	1681		2		1	11	10		11	10					137	4384
Huitième de Génovine	1699		1		14	11	10		11	10					81	3776
Pièce de billon	1719			½	13	5	14		5	14					22	3680
Double Génovine	1692	2	4		5	11	10								1374	3488
Écu de banque	1712		5		31	10	23								357	272
Georgine	1725		1	½	3	10	8								95	2688
Madonine	1750		1		10	9	23								68	224
VENISE.																
Or.																
Sequin				½	29½	23	29	¼							65	1223
Argent.																
Pièce	1749			½	10	4	12		4	12					17	1152
Ducat			5	½	30	9	19	½							348	1584
Demi-ducat			2	½	34	9	22								167	2576
Pièce	1751		1	½	32	4	17								54	2288
NAPLES.																
Or.																
Once	1754		2		21	21									144	1728
Argent.																
Pièce de 26 grains	1680		1		32	10	21		10	21					94	1152
Pièce de 13 grains	1685			½	15	10	20		10	20					46	192
Pièce de 24 grains	1689		1		20	10	20		10	20					83	256
Tarin	1699		1		10	10	22		10	22					74	2752
Tarin	1701		1		9	10	22		10	22					73	3168
Tarin	1716		1		9	10	20		10	20					73	576

	MILLÉSIMES	POIDS				TITRE suivant l'Essayeur général			TITRE suivant l'Essayeur particulier			TITRE MITOYEN			VALEUR en grains de poids du marc françois en matière pure	
		onces	gros	½ gros	grains										grains	de poids
Suite de NAPLES.																
Carlin	1730			½	2	10	18		10	18					34	$\frac{192}{4608}$ es
Pièce de 12 carlins	1731		6	½	1	10	18		10	18					420	672
Pièce de 24 carlins	1730	1			23	10	22		10	21		10	21	½	86	1192
Pièce de 12 carlins	1735		6	½	8	10	18		10	18					426	1920
Pièce de 12 carlins	1747		6	½		10	16		10	16					416	
Tarin	1737	1			12	9	23		9	23					69	3264
Carlin	1755			½	2	10	18		10	18					34	192
Pièce de 13 carlins 2 grains	1684		7		20	10	21								474	4032
Pièce de 12 carlins	1689		6	½	12	10	21								435	
Ducat	1693		5	½	16	10	20								371	4352
Demi-ducat ou Pataque	1707		2	½	24	10	21								184	4032
Ducat	1715		5	½	11	10	21								368	3888
Pièce de 12 carlins	1750		6	½	8	10	15	½							422	1312

SICILE.
Or.

	MILLÉSIMES	onces	gros	½ gros	grains	carats									grains	de poids
Double once	1754		2		21	20	17	½							141	1197
Once	1753		1		11	21	4								73	264
Once à l'aigle & au soleil	1712		1		10	20	8								69	864
Double once			2		22	20	26								143	4392
Pièce de 4 ducats			1	½	3	22									101	3456

Argent.

	MILLÉSIMES	onces	gros	½ gros	grains	den.									grains	de poids
Pièce de 6 carlins			3		24	10	20								216	3072
Écu de 12 tarins Siciliens	1735		7		9	9	22								401	3096
Pièce de 12 carlins	1753		6	½	12	10	17								428	1536

MALTE.
Or.

	MILLÉSIMES	onces	gros	½ gros	grains	carats									grains	de poids
Sequin	1717			½	28	23	16								62	3072

Argent.

	MILLÉSIMES	onces	gros	½ gros	grains	den.									grains	de poids
Écu	1730		3		16	10									193	1536

FLORENCE ET TOSCANE.
Or.

	MILLÉSIMES	onces	gros	½ gros	grains	carats									grains	de poids
Ruspo ou Sequin nouveau, à l'effigie & aux armes	1738			½	30	23	28								65	3024
Doppia ou Piastre	1746		1	½	18	22									115	3304
Ruspone	1746		2	½	16	23	30	½							195	2844
Rosina	1718		1	½	21	21	16								115	2592
Quarto di Doppia			3	1		21	12		21	12					27	2808

Argent.

	MILLÉSIMES	onces	gros	½ gros	grains	den.			den.						grains	de poids
Due-Crazie					11	11	8		11	8					10	1792
Lira	1640		1		4	11	10		11	10					72	1408
Quarto di peza	1697		1	½	12	10	22		10	22					109	768

Suite de FLORENCE ET TOSCANE.

	MILLÉSIMES	POIDS onces	gros	½ gros	grains	TITRE suiv. l'Essayeur général — den.	gr.	TITRE suiv. l'Essayeur particulier — den.	gr.	TITRE MITOYEN — den.	gr.	VALEUR en grains — grains	de poids
Teſtone	1575		2		31	11	8	11	8			165	1180/7608 cs
Stettino			2		16	11	10	11	10			152	1024
Quarto di Tollero	1683		1	½	15	11	10	11	10			117	96
Franceſchino	1745		3	½	5	10	23	11		23	½	235	632
Tollero	1620		7		25	10	14	10	14			466	2528
Paolo Doppio	1738		1		29	10	23					92	1072
Peza d'a Otto	1718		6	½	18	10	22					442	576
Tollero	1707		7		5	10	22					463	224
Meza piaſtra	1676		4		3	11	10					277	864
Franceſcone	1748		7		9	10	22					466	3168

PARME, PLAISANCE, MILAN, MODÉNE.

Or.

	MILLÉSIMES	POIDS onces	gros	½ gros	grains	TITRE général — car.	gr.	TITRE particulier — car.	gr.	TITRE MITOYEN — car.	gr.	VALEUR — grains	de poids
Piſtole de Parme	1690		1	½	18	21	24	21	24			114	864
Double piſtole de Milan			3		32	21	20	21	20			223	2112
Piſtole de Parme			1	½	15	21	24					111	2160
Double piſtole de Plaiſance			3		28	21	20					219	3936
Piſtole de Milan			1	½	16	21	20					111	3360
Pièce de quatre piſtoles de Modène			6	½	23	21	4					432	840

Argent.

	MILLÉSIMES	POIDS onces	gros	½ gros	grains	TITRE général — den.	gr.	TITRE particulier — den.	gr.	TITRE MITOYEN — den.	gr.	VALEUR — grains	de poids
Double ducaton de Parme		2			16	11	8					1103	512
Demi-ducaton de Parme			4		6	11	7					276	2976
Écu d'argent de Parme			6	½	23	8	23					366	2512
Ducaton de Plaiſance		1			24	11	7					564	2688
Quart de Philippe de Milan			1	½	22	11	9					123	1056
Ducaton de Milan		1			28	11	9					572	2496
Pièce de 10 ſous de Milan			1			10	23					65	3456
Double ducaton de Modène		2		½	6	11	7					1123	2400
Ducat de billon de Modène			5	½	28	7						247	1536
Écu de billon de Modène			4		14	4	20					121	2944
Pièce de billon de Modène, dite Baggiani			2		8	8	8					105	2560
Pièce de billon d'une livre de Modène			3		10	3	2					58	320
Ducaton de Parme de 1676		1			12	11	8	11	8			555	1536
Ducaton de Parme	1589	1			7	11	6	11	6			546	2592
Teſton de Parme	1687		2		21	11		11				151	1152
Livre billon de Parme			1		4	3	2	3	1	3	1 ½	19	608
Écu de Plaiſance	1631		7		16	8	20 ½	8	21	8	20 ¼	384	608
Ducaton de Milan		1			10	11	8	11	8			553	2048
Ducaton de Milan	1588	1			11	11	8	11	8			554	1792
Philippe de Milan	1676		7		14	11	8					489	1024
Philippe de Modène	1739		7	½	2	10	7	10	7			464	3872

	MILLÉSIMES	POIDS				TITRE suivant l'Essayeur général		TITRE suivant l'Essayeur particulier		TITRE MITOYEN	VALEUR en grains de poids du marc françois en matière pure	
		onces	gros	⅛ gros	grains	carats		carats			grains	de poids
PIÉMONT ET SAVOYE.												
Or.												
Demi-pistole neuve de Charles-Émanuel	1734	..	..	½	26	21	24	21	24	..	56	864/4608
Pistole	1741	..	1	½	27	22	8	22	8	..	125	720
Pièce de 10 pistoles de Victor-Amédée II	1684	2	1	..	26	21	20	21	20	..	1126	1392
Pièce de 5 pistoles du même	....	1	..	½	13	21	14	21	14	..	558	1236
Pistole simple du même	1682	..	1	½	16	21	16	21	16	..	111	384
Pièce de 5 pistoles de Marie-Christine	1641	1	..	½	6	21	24	21	24	..	560	288
Pistole de Madame Royale	1676	..	1	½	16	21	16	21	16	..	111	384
Pièce de 4 sequins	1747	..	3	½	8	23	24	23	24	..	257	1344
Pièce neuve	1755	..	2	½	1	21	24	..	..	..	164	144
Pistole vieille de Savoye	1691	..	1	½	15	21	16	..	..	..	110	864
Sequin à l'Annonciade	1744	..	..	½	29	23	24	..	..	..	64	1488
Argent.												
Pièce neuve de billon	1755	..	1	..	14	4 (den.)	16	..	..	..	33	2048
Pièce de billon	1732	..	1	..	11	3	..	3	..	..	20	3456
Pièce, dite Livre de Piémont, de 20 sous	1747	..	1	..	31	10	22	..	..	..	93	3232
Écu neuf	1755	1	1	..	13	10	20	..	..	..	596	3392
EMPIRE.												
Or.												
Ducat impérial de François I.er	1754	..	..	½	29	23	26	23	26	..	64	2268
FRANCFORT.												
Or.												
Ducat	1634	..	..	½	26	23	16	23	16	..	60	3264
Ducat	....	..	..	½	29	23	20	..	..	..	63	4536
MAYENCE.												
Or.												
Pièce de 5 ducats	1680	..	4	½	1	23	14	23	14	..	317	1764
Ducat	1741	..	..	½	28	23	16	..	..	..	62	3072
Argent.												
Pièce de 12 creutzers	....	..	1	..	11	5 (den.)	18	5	18	..	39	3552
Demi-florin	1672	..	2	½	1	9	..	..	..	..	135	3456
TREVES.												
Argent.												
Dreyer	1708	..	..	½	3	4	16	4	16	..	15	768
Pièce de 6 petermon	1734	..	..	½	12	8	20	8	20	..	35	1536

	MILLÉSIMES	POIDS				TITRE suivant l'Essayeur général		TITRE suivant l'Essayeur particulier		TITRE MITOYEN		VALEUR en grains de poids du marc françois en matière pure	
		onces	gros	½ gros	grains	carats / den.	grains	carats / den.	grains			grains	de poids
COLOGNE. *Or.*													
Ducat de l'Électeur	1750.			½	29	23	24	23	24			64	1488 $\frac{488}{4608}$
Carolin			2	½		18	16					138	3456.
Argent.													
Florin	1750.		3	½	22	10	15	10	15			242	2784.
Kopftuck	1722.		1		15	8	20	8	21	8	20 ½	64	929.
Pièce de 3 ftubers	1750.				32	5		5				13	1536.
Demi-florin			1	½	16	8	22					92	640.
Kopftuck	1735.		1		18	8	20					66	1152.
RATISBONNE. *Argent.*													
Douzième d'écu	1754.		1		1	6		6				36	2304.
Pièce de 2 ¾ creutzers	1754.				19	5	8	5	8			8	2048.
Écu	1754.		7		23	9	23					437	1552.
HONGRIE ET PAYS HÉRÉDITAIRES. *Or.*													
Ducat de Cremnitz	1741.			½	29	23	28	23	28			64	3048.
Ducat ordinaire de l'Impératrice	1747.			½	29	23	30	23	30			64	3828.
Ducat de l'Impératrice, comme Princesse de Tranfilvanie	1754.			½	29	23	20	23	20			63	4536.
Ducat royal de Bohème				½	30	23	24					65	1440.
Ducat de Hongrie				½	29	23	24					64	1488.
Argent.													
Taler ou Pièce de 2 florins	1753.		7		25	9	22	9	22			437	736.
Taler ou Pièce de 2 florins	1754.		7		24	9	22	9	22			436	1536.
Taler de l'Empereur Charles VI.	1736.		7	½	2	10	12	10	12			474	1152.
Sibeuer ou Pièce de 7 creutzers	1753.			½	25	4	20	4	20			24	2624.
Sicbeushuter ou Pièce de 17 creutzers			1	½	6	6	10					60	4416.
Demi-florin ou Pièce de 30 creutzers			1	½	26	10	12					117	1152.
Polduras ou Poltrachs d'un creutzer & demi					16	2	20					3	3584.
PALATINAT. *Or.*													
Carolin d'or			2	½	16	18	3					141	288.
Double Ducat			1	½	22	23	16					127	1344.
Louis ou Piftole			1	½	16	21	21					111	4104.
Argent.													
Kopftuck	1727.		1		14	8	18	8	18			62	3264.
Gros écu	1753.		6	½	20	11	20					481	1024.
Florin de 60 creutzers	1748.		3		25	11	20					237	3008.

	MILLÉSIMES	POIDS				TITRE suivant l'Essayeur général			TITRE suivant l'Essayeur particulier			TITRE MITOYEN			VALEUR en grains de poids du marc françois en matière pure	
		onces	gros	1/16 gros	grains										grains	de poids
SAXE. *Or.*																
Ducat de Leipsick	1754			½	29	23	26		23	24		23	25		64	1878/4608 et
Ducat de Saxe				½	29	23	16								63	2976
Auguste double			3		35	21	16								224	3936
Argent.																
Florin de Dresde	1755		3	½	5	11	6		11	6					240	4320
Pièce de 4 gros	1754		1		2	8	21		8	21					54	3360
Pièce de 2 gros	1754			½	34	4	16		4	17		4	16	½	27	1584
Pièce d'un gros de Leipsick	1754			½	1	3	18		3	18					11	2592
Pièce de 3 pfenings	1755				16	2	1		2	1					2	3328
Florin ancien	1690		4			9	22		9	22					238	
Florin de Frédéric-Auguste	1698		4	½		8	22		8	22					240	3456
Pièce de 32 gros	1755		7	½	10	9									412	2304
Pièce d'un gros de Dresde	1754			½	5	3	19								12	4400
Pièce de 32 gros de Dresde	1754		7	½	11	10	15								487	3984
BRÊME. *Argent.*																
Écu espèce	1650		7		21	10	18		10	18					470	1440
Pièce de 24 gros	1749		2		18	8	23		8	23					120	4320
PRUSSE. *Or.*																
Ducat				½	29	23	24								64	1488
Piftole ou Frédéric			1	½	18	21	24								114	864
Frédéric à tête			2	½	17	21	22								178	84
Argent.																
Pièce de 8 gros	1754		2		21	7	10		7	10					101	4512
Pièce de 6 gros	1750		1		23	9			9						71	1152
Pièce d'un gros	1755			½	2	3	12		3	12					11	384
Pièce de 4 mariengros	1752		1		22	4	9		4	9					34	1248
Pièce de 6 creutzers	1753			½	33	3	14		3	15		3	14	½	20	3336
Florin de Brandebourg	1690		4		33	8	21		8	21					237	1872
Autre Florin	1704		4		31	8	21		8	21					235	4272
Pièce de 12 creutzers de Brandebourg	1755		1		7	5	20		5	20					38	1856
Pièce de 6 creutzers, *idem*	1753			½		5	2		5	2					15	1152
Écu à l'aigle & au trophée	1750		5	½	21	9									312	3456
Timpft	1753		1	½		5	20								52	2304
BAVIERE. *Or.*																
Max	1752		1	½	13	18	16		18	16					93	1248
Ducat	1755			½	29	22	16		22	16					60	4320

	MILLÉSIMES	POIDS				TITRE suivant l'Essayeur général			TITRE suivant l'Essayeur particulier			TITRE MITOYEN			VALEUR en grains de poids du marc français en matière pure	
		onces	gros	½ gros	grains										grains	de poids
Suite de BAVIÈRE. *Or.*																
Max		1		½	13½	18	8								92	1800/4608
Demi-max					30	18	12								22	4464
Carolin d'or		2		½	3	18	16								141	288
Ducat d'or du Danube				½	29	22	16								60	4320
Ducat d'or de l'Iser				½	29	22	16								60	4320
Ducat de l'Inn				½	29	22	16								60	4320
Argent.																
Écu de convention aux armes de Bavière		7			24	9	21								434	2304
Écu de convention à l'image de la Vierge		7			24	9	21								434	2304
Demi-écu ou florin		3			13	9	21								188	2064
Demi-Kopfstuck		1		½	16	6	20	½							70	3808
Pièce de 12 creutzers		1			9	5	8								36	
Fenningue					6		20									1920
Demi-florin	1746	1		½	23	9	6		9	6					100	4512
Sixième d'écu	1754	1		½	16	6	20		6	21		6	20	½	70	3808
Vingt-quatrième d'écu	1749			½	17	3	22		3	22					17	1376
Creutzer	1755				16	2	4		2	3		2	3	½	2	3968
Écu	1755	7			24	9	21								434	2304
HANNOVRE. *Or.*																
Ducat de George I.er	1724			½	29	23	30		23	30					64	3828
Ducat de George II				½	27	23	16								61	3168
Florin double		1		½	14	18	24								95	1440
Argent.																
Bon-florin	1754		4		19	8	22		8	22					228	544
Demi-florin	1754		3		24	11	19		11	19					235	3840
Sixième d'écu ou Pièce de 4 bons gros	1753			½	25	11	21		11	21					60	1680
Pièce de 2 mariengros	1752			½	3	5	20		5	20					18	4416
Pièce de 2 bons gros	1753			½	22	6			6						29	
Pièce de 4 pennings	1742				17	3	5		3	5					4	2512
Pièce de 6 pennings	1750				21	2	20		2	20					4	4416
Pièce de tiers	1740				15	2	23		2	23					3	3216
Écu pièce d'argent	1753		7	½	1	10	13		10	14		10	13	½	476	888
Florin jugé faux			3	½	18	2	2		2	2					46	4032
Écu espèce	1755		7		25	10	14								466	2528
BRUNSWICK. *Or.*																
Charles		1		½	15	21	24								111	2160
Argent.																
Écu espèce	1654		7	½		10	13		10	13					474	1728
Florin	1697		4		3	10	13		10	13					255	2928

Suite de BRUNSWICK.

	MILLÉSIMES	POIDS				TITRE suivant l'Essayeur général		TITRE suivant l'Essayeur particulier		TITRE MITOYEN	VALEUR en grains de poids du marc françois en matière pure.	
		onces	gros	½ gros	grains						grains	de poids
Suite de BRUNSWICK.												
Pièce de 4 bons gros	1755	..	1	..	31	5	19	5	19	..	49	$\frac{3280}{4608}$ es
Pièce de 6 deniers	1745	..	..	..	22	2	17	2	17	..	4	4448
Florin	1754	..	3	..	31	11	20	11	20	..	243	2624
Pièce de 6 mariengros	1697	..	1	..	35	6	18	6	18	..	60	864
Écu espèce	..	..	7	½	3	10	12	10	12	..	475	576
Demi-florin	..	..	2	..	1	9	23 ½			..	120	2680
DUCHÉ DE WURTEMBERG.												
Or.												
Ducat	1733	..	2	½	4	18	24	18	24	..	143	3456
Ducat de poids	1735	..	2	½	2	18	8	18	8	..	138	1824
Ducat	..	..	..	½	29	23	16			..	63	2976
Carolin	..	..	2	½	..	18	10			..	137	1584
Carolin d'or	..	..	2	½	..	18	12			..	137	3744
Argent.												
Pièce de 15 creutzers	1748	..	1	..	10	7	12	7	12	..	51	1152
Pièce de 6 creutzers	1748	..	..	½	17	4	10			..	19	2336
MECKELBOURG.												
Or.												
Pièce d'or	1754	..	1	½	17	21	20	21	20	..	112	2904
Argent.												
Bon gros	1755	..	..	½	2	2	12	2	12	..	7	4224
Pièce d'un sou	1754	..	..	..	24	2	12	2	12	..	5	
Pièce de 8 bons gros	1753	..	2	..	12	7	8			..	95	1536
SALZBOURG.												
Or.												
Ducat	1748	..	..	½	29	23	24	23	24	..	64	1488
Argent.												
Écu	1755	..	7	..	25	10	..	10	..	..	440	3840
Douzième d'écu	1754	..	1	..	1	6	..	6		..	36	2304
HESSE-DARMSTAD.												
Or.												
Ducat	..	..	..	½	29	23	8			..	62	4464
Carolin	..	..	2	½	..	18	21			..	139	4248
Argent.												
Gros écu	1696	..	7	½	9	10	14	10	14	..	484	864
Demi-Kopfstuck	1733	..	..	½	10	8	20 ½			..	33	4336

	MILLÉSIMES.	POIDS.				TITRE suivant l'Essayeur général.		TITRE suivant l'Essayeur particulier.		TITRE MITOYEN.	VALEUR en grains de poids du marc françois en matière pure.	
		onces	gros	½ gros	grains						grains	de poids.
BADE-DOURLAC.												
Or.												
Carolin			2	½	1	18	8				137	$\frac{2928}{4608}$ c.
Argent.												
Pièce de 2 creutzers	1737				16	4	5	4	5		5	2816.
Petit écu	1753		3	½	6	8	22				191	3264.
Demi-florin	1735		1	½	25	8	22				98	3808.
Pièce de 12 creutzers	1750			½	33	6	15				38	432.
ANSPACH.												
Or.												
Carolin d'or			2	½	1	18	16				139	2400.
Argent.												
Demi-florin			1	½	9	8	23				87	1584.
Écu	1754		7		22	9	21				432	3923.
FULDE.												
Or.												
Carolin			2		35½	18	8				136	2280.
MONFORT.												
Or.												
Carolin			2		33	18	4				133	3096.
Argent.												
Demi-florin			1	½	16	9					93	
LUNEBOURG.												
Or.												
Louis ou Pistole			1	½	17	21	20				112	2904.
CASSEL.												
Or.												
Carolin			2	½	1	18	16				139	2400.
Carolin			2	½		18	16				138	3456.
BADE-BADE.												
Argent.												
Demi-florin	1735		1	½	13	8	20				89	320.

	MILLÉSIMES.	POIDS				TITRE suivant l'Essayeur général.		TITRE suivant l'Essayeur particulier.		TITRE MITOYEN.		VALEUR en grains de poids du marc françois en matière pure.	
		onces	gros	½ gros	grains	den.		den.				grains	de poids
LUBECH. — *Argent.*													
Pièce de 2 marcs	1752		4	½	26	8	20	8	20			257	3944/4608
Pièce d'un fou	1727				19	4	8	4	8			6	3968
Pièce de 6 schellings	1724			½	35	6	13	6	13			38	3248
Rixdaler	1752		7		10	8	20					378	1664
BAREIT. — *Argent.*													
Écu d'un coin	1752		5	½	14	8	21	8	21			303	1056
Écu d'un autre coin	1752		5	½	13	8	22	8	22			303	4192
Demi-florin	1735		1	½	26	8	22	8	23	8	22 ½	99	3696
Pièce de 6 creutzers	1750			½	8	5	2	5	2			18	2944
Demi-florin			1	½	9	9	9					87	3456
Écu	1753		3	½	2	8	19 ½					186	2448
NASSAU-WEILBOURG. — *Argent.*													
Gros écu	1752		6	½	18	11	18					475	4032
HAMBOURG. — *Or.*													
Ducat				½	29	23 carats	12					63	1416
Argent.													
Pièce d'un marc	1731		2		28	8	23	8	23			128	1856
Écu espèce			7	½	9	10	14					484	864
AIX-LA-CHAPELLE. — *Argent.*													
Double présence			2	½	26	8		8				137	1536
Pièce de deux marcs	1753				29	3	20	3	20			9	1216
Présence			1	½	11	6	23					93	3664
LIÉGE. — *Or.*													
Florin				½	26	19 carats	24	19 carats	24			51	96
Argent.													
Écu			7		20	10	8	10	8			451	1024
Ducaton	1667	1			31	11	1 ½					559	2664
Florin	1753		2		27	6	16					95	

	MILLÉSIMES	POIDS onces	gros	½ gros	grains	TITRE suivant l'Essayeur général		TITRE suivant l'Essayeur particulier		TITRE MITOYEN		VALEUR en grains de poids du marc françois en matière pure — grains	de poids
PAYS-BAS AUTRICHIENS. *Or.*													
Souverain	1647.	..	2	½	29	22	..	..	22	..	..	191	3688/4608
Demi-souverain	1659.	..	1	..	31	22	..	..	22	..	..	94	1920
Albertus	....	..	1	..	24	21	12	..	..	..	..	85	2304
Souverain	1749.	..	2	½	29	22	6	..	..	..	..	193	996
Demi-souverain	1750.	..	1	..	32	21	24	..	..	..	..	94	1152
Argent.													
Pièce de 5 sous	1753.	..	1	..	16	4	21	4	21	..	..	35	3456
Plaquette	1755.	..	..	½	15	6	..	6	..	..	..	25	2304
Ducaton	1750.	1	..	½	15	10	8	..	..	..	..	539	4224
Double escalin	1753.	..	2	½	6	6	18	..	..	..	..	104	2880
Couronne d'argent de l'Empereur	....	..	7	½	22	10	10	..	..	..	..	487	3904
Idem, de la Reine	....	..	7	½	22	10	10	..	..	..	..	487	3904
ZURICH. *Or.*													
Ducat	1753.	..	..	½	29	23	24	23	24	..	..	64	1488
Double Ducat	....	..	1	½	21	23	20	..	..	..	..	126	4536
Argent.													
Écu	....	..	7	..	20	9	18	..	..	..	..	425	3456
Demi-écu	....	..	3	½	8	9	18	..	..	..	..	211	1152
Quart de goulde	....	..	1	..	19	6	..	..	..	..	..	45	2304
Demi-goulde	....	..	2	..	2	8	8	..	..	..	..	101	1792
Sou ou schelling	....	..	..	..	22	2	..	..	..	..	..	3	3072
Écu	1753.	..	7	..	19	9	18	9	18	..	..	424	4320
LUCERNE. *Or.*													
Double Ducat	1741.	..	1	½	22	23	16	23	16	..	..	127	1344
Ducat	....	..	..	½	29	23	16	..	..	..	..	63	2976
Argent.													
Quart d'écu	....	..	1	½	21	10	8	..	..	..	..	111	384
Pièce, dite de 15 sous de France	....	..	1	..	15	8	22	..	..	..	..	64	2976
Pièce, dite de 15 sous de France	....	..	1	..	7	8	22	..	..	..	..	58	3232
Pièce, dite de 10 sous de France	....	..	..	½	12	8	22	..	..	..	..	35	3072
Pièce, dite de 5 sous de France	....	..	..	..	30	8	22	..	..	..	..	22	1344
Pièce de billon, dite Batz	....	..	..	½	..	4	6	..	..	..	..	12	3456
Pièce de billon, dite Demi-Batz	....	..	..	..	32	2	12	..	..	..	..	6	3072
Pièce de billon, dite Schelling	....	..	..	..	22	2	2	..	..	..	..	3	3776
Écu	1714.	..	7	..	3	10	8	10	8	..	..	436	2688
Pièce un peu inférieure	1714.	..	3	..	34	9	2	9	2	..	..	189	1088

	MILLÉSIMES.	POIDS				TITRE suivant l'Essayeur général		TITRE suivant l'Essayeur particulier		TITRE MITOYEN.		VALEUR en grains de poids du marc françois en matière pure.	
		onces	gros	½ gros	grains							grains	de poids
BASLE.													
Or.													
Ducat				½	27	23 (carats)						60	$\frac{1728}{4608}$ cs
Argent.													
Écu de 9 au marc		6		½	16	10 (den.)	2					406	3200
Pièce de 3 batz		1			6	5	12					35	3456
Pièce de 2 batz				½	4	5	12					18	1536
Pièce d'un demi-batz					18	3	4					4	3456
Pièce, dite Rape, dont trois font 1 sou de France					5	1	15						3120
ÉVÊCHÉ DE BASLE.													
Or.													
Ducat				½	28	23 (carats)	8					62	
Argent.													
Pièce de 7 sous 6 deniers baslois		1			15	8 (den.)	23					64	4368
Pièce de 5 sous baslois				½	15	9						38	1152
Pièce de 2 sous 6 deniers baslois					21	9						15	3456
Pièce, dite Batz de 10 rapes				½	3	3	12					11	1728
Pièce de 2 rapes					21	1	16					2	4224
CANTON D'URY.													
Or.													
Ducat				½	29								
Argent.													
Pièce de 5 batz		1			13	9 (den.)	6					65	2400
Pièce de billon de 3 batz				½	2	4	8					13	3328
Pièce d'un sou six deniers de France					28								
Pièce d'un sou					20								
CANTON D'UNDERVALD.													
Or.													
Ducat				½	28	22 (carats)						58	3072
Argent.													
Florin		3		½	7	10 (den.)	3					218	2448
Pièce de 5 batz		1			15	8	20					64	192
Pièce, dite Scelling					27	3	18					8	2016
Pièce de demi-batz				½	10	1	18					6	3264
ZUG.													
Or.													
Quart de ducat	1692				16	23 (carats)	20					15	3456

N

Suite de ZUG

Argent.

	Millésimes	onces	gros	½ gros	grains	Titre suiv. l'Essayeur général		Titre suiv. l'Essayeur particulier		Titre mitoyen	Valeur grains	Valeur de poids
Pièce de 15 sous de France invariablement			1		23	9 (den.)					71	1152/4608 c
Pièce, dite de 11 sous de France				½	34	6	16				38	4096
Pièce de 7 sous 6 deniers de France invariablement				½	8	9	2				33	1408
Pièce de 2 sous 6 deniers de billon					33	5	20				16	192
Écu	1622		7		25	10	8	10	8		455	2432

SAINT-GAL.

Or.

	Millésimes	onces	gros	½ gros	grains	Titre suiv. l'Essayeur général		Titre suiv. l'Essayeur particulier		Titre mitoyen	Valeur grains	Valeur de poids
Double-ducat	1618		1	½	22	23 (carats)	8	23 (carats)	8		125	4320

Argent.

	Millésimes	onces	gros	½ gros	grains	Titre suiv. l'Essayeur général		Titre suiv. l'Essayeur particulier		Titre mitoyen	Valeur grains	Valeur de poids
Pièce	1633		2		18	8 (den.)	22	8 (den.)	22		120	1728
Écu à l'ours			7		17	10	9				450	2064
Pièce de 2 creutzers					21	2	20				4	4416
Pièce de 3 creutzers					27	4					9	
Pièce de 4 creutzers				½	5	4					13	3072
Pièce de 6 creutzers				½	19	4					1	1536
Pièce de 15 creutzers			1		14	6	16				47	3584
Pièce de 30 creutzers			1	½	29	9	4				104	3008

CANTON DE FRIBOURG.

Or.

	Millésimes	onces	gros	½ gros	grains	Titre suiv. l'Essayeur général		Titre suiv. l'Essayeur particulier		Titre mitoyen	Valeur grains	Valeur de poids
Demi-écu d'or					30 (carats)							
Double-ducat			1	½	21	23	14				125	4500
Ducat ancien				½	28	23	14				62	2304
Pistole d'or, de même poids que celle d'Espagne				½	17	20	22				45	3156
Pièce de 3 pistoles d'Espagne			5		21	21	14				340	1476

Argent.

	Millésimes	onces	gros	½ gros	grains	Titre suiv. l'Essayeur général		Titre suiv. l'Essayeur particulier		Titre mitoyen	Valeur grains	Valeur de poids
Pièce d'un denier de cuivre												
Pièce de demi-creutzer, ou demi-sou de 6 deniers												
Pièce de creutzer, ou vieux sou de billon												
Pièce de creutzer, ou sou de billon												
Pièce de demi-batz												
Pièce de gros, ou Lucerne de 16 deniers												
Pièce de 1630, dite Batz, & réduite à 3 sous												
Pièce de batz de billon				½	20	3 (den.)	6				15	768
Pièce de vieux batz				½	18							
Pièce de 3 batz			1	½		6	2				54	3456
Pièce de 10 creutzers	1709			½	6	8	18				30	2880
Pièce de 5 batz	1658		1		19	8	22				67	2848
Pièce de 5 batz	1710		1		12	8	17				60	4416
Vieille pièce de 6 ¼ batz			2		24	9	4				128	1536
Vieil écu, dit Ducaton			7	½		10	7				481	4032
Demi-batz												

	MILLÉSIMES.	POIDS.				TITRE suivant l'Essayeur général.		TITRE suivant l'Essayeur particulier.		TITRE MITOYEN.	VALEUR en grains de poids du marc françois en matière pure.	
		onces	gros	½ gros	grains	den.	gr.	den.	gr.		grains	de poids
CANTON DE SOLEURE. *Argent.*												
Pièce d'argent duke de 6 batz & 1 creutzer			2		31							
Pièce d'un batz				½	18							
Pièce de 10 batz			2		7	10					125	$\frac{1840}{4608}$ cs
Pièce de 5 batz			1		11	9					62	1152
Pièce de 10 creutzers				½	5	9					30	3456
Pièce d'un batz				½	7	3	2	¼			11	396
Pièce de 2 creutzers				½		1	17	⅝			5	936
Pièce d'un creutzer					19	1	12				2	1728
Pièce, dite de 4 ½ deniers de France					11	1		¾				4356
BERNE. *Or.*												
Ducat												
Demi-ducat												
Argent.												
Pièce	1717			½	11	8	22	8	22		34	3989
Pièce de billon, dite Demi-batz					34	1	20				5	896
Pièce de creutzer					21	1	20				3	960
Pièce de 5 batz			1		21	8	22				69	480
Écu			7		19	10	12				457	2880
Demi-écu			3	½	5	10	12				224	4032
Quart d'écu			1		18	10	12				78	3456
Pièce de 5 batz			1		17	8	22				66	608
Pièce de 10 creutzers				½	6	8	22				31	960
Pièce de demi-creutzer					12	1					1	
Pièce de 5 batz			2		11	10					129	768
GRISONS. *Argent.*												
Blutzgers du Seigneur Haldemkin												
Blutzgers du même												
Blutzgers du Seigneur Reicheneau												
Blutzgers de l'Évêque d'Ulric												
Blutzgers de Coire												
Blutzgers de Coire												
Blutzgers de la ville & de l'évêque de Coire												
Blutzgers	1760											
Kreutzer de 14 deniers												
RÉPUBLIQUE DE VALAIS.												
Pièce de demi-batz d'Adrien Rietz Matten												
Demi-batz du même												
Batz & Demi-batz d'Adrien V.e & de Rietz Matten												

	MILLÉSIMES.	POIDS.				TITRE suivant l'Essayeur général.		TITRE suivant l'Essayeur particulier.		TITRE MITOYEN.		VALEUR en grains de poids du marc françois en matière pure.	
		onces	gros	½gros	grains							grains	de poids
Suite de la RÉPUBLIQUE DE VALAIS.													
Batz & Demi-batz d'Adrien V & de Rietz Matten......													
Batz & Demi-batz Superfaxe..........													
Pièce de 5 batz Superfaxe............			1		14								
Idem........	1721.												
Idem........	1722.												
GENEVE. *Or.*													
Piftole............	1754.		1		35	22						98	384/4608 es
Piftole............			1	½	18	21	24					114	864.
Argent.													
Pièce de 21 petits fous........	1720.		1		18	8	20	8	20			66	1152.
Patagon.......	1722.		7		5	10	3					429	2160.
Pièce de 9 deniers........					22	1	8					2	2048.
Pièce de 3 deniers........					15		12						2880.
POLOGNE. *Argent.*													
Schoftack.........	1754.			½	24	3	16	3	16			18	1536.
Poltorack.........	1755.				21	2	4	2	4			3	3648.
Timpf.........	1755.		1		35	6	4					54	4544.
SUEDE. *Or.*													
Ducat.......				½	29	23	16					63	2976.
Argent.													
Pièce de 12 fous........	1754.		1	½	26	5	7	5	7			59	416.
Écu......	1755.		7	½	10	10	10	½				478	1776.
DANEMARCK. *Or.*													
Ducat........				½	29	23	24					64	1488.
Ducat courant........				½	16	21						45	2304.
Double-ducat de Frédéric III........	1664.		1	½	22	23	16	23	16			127	1344.
Ducat du même........	1688.			½	29	23	20	23	20			63	4536.
Ducat de Chriftian V........	1694.			½	29	23	26	23	28	23	27	64	2658.
Ducat de Frédéric IV........	1708.			½	28	23	24	23	24			63	1536.
Double-ducat de Frédéric V........	1747.		1	½	22	23	26	23	24	23	25	128	3756.
Ducat du même........	1747.			½	29	23	24	23	24			64	1488.
Double-ducat de Chriftian V........			1	½	23	23	20					128	4392.
Ducat de Chriftian VI........				½	29	23	8					62	4464.
Double-ducat à l'éléphant........			1	½	22	23	20					127	4464.

Suite de DANEMARCK.

Suite de DANEMARCK.

Or.

Désignation	MILLÉSIMES	POIDS onces	POIDS gros	POIDS ½ gros	POIDS grains	Titre gén. (1)	Titre gén. (2)	Titre part. (1)	Titre part. (2)	Titre mit. (1)	Titre mit. (2)	Titre mit. (3)	VALEUR grains	VALEUR de poids
Ducat de Frédéric V				½	29	23	22						64	708/4608
Ducat, *idem*				½	29	23	24						64	1488
Ducat, *idem*				½	29	23	24						64	1488
Double-ducat de Christian V & de Frédéric IV			1	½	22	23	24						128	2976
Ducat de Christian VI & de Frédéric V				½	29	23	24						64	1488
Ducat de Frédéric IV & de Christian IV				½	29	23	20						63	4536
Ducat de Frédéric IV & de Christian V				½	29	23	24						64	1488
Demi-ducat de Frédéric III					32	23	20						31	4304

Argent.

Désignation	MILLÉSIMES	POIDS onces	POIDS gros	POIDS ½ gros	POIDS grains	Titre gén. (1)	Titre gén. (2)	Titre part. (1)	Titre part. (2)	Titre mit. (1)	Titre mit. (2)	Titre mit. (3)	VALEUR grains	VALEUR de poids
Quadruple-écu de Frédéric III		2	6	½	12	10	12						1428	
Demi-couronne du même			2	½	24	7	16						130	1536
Écu espèce du même			7	½		10	12						472	2304
Écu espèce du même			7		30	10	13						469	480
Idem, de Christian IV			7	½	6	10	16						485	1536
Idem			7		32	10	16						476	2048
Idem			7		24	10	16						469	1536
Idem			7	½		10	15						478	576
Pièce de 8 schellings, *idem*				½	8	10	13						38	3008
Pièce de 2 schellings de Christian V			2	½	24	7	22						134	2688
Couronne du même & de Frédéric V			5	½	15	7	12						256	4032
Écu espèce de Christian V			7	½		10	10						468	3456
Pièce de 2 schellings, *idem*			2	½	24	8	3						138	576
Couronne, *idem*	1686		5	½	18	8							276	
Couronne, *idem*	1688		5	½	18	7	23						274	2592
Pièce de Frédéric IV, de 8 sous				½	20	6	12						30	1536
Couronne du même			5	½	27	8							282	
Pièce de 8 schellings, du même				½	20	6	16						31	512
Pièce de 12 schellings, du même			1		4	6	13						41	1984
Couronne de Frédéric V			5	½	6	8							268	
Couronne du même			5	½	12	8							272	
Pièce de 24 schellings, du même & de Christian V			2		27	6	17						95	2736
Pièce de 8 schellings de Christian IV				½	3	10	6						33	1440
Pièce d'un marc, du même			2		3	6	22						84	3360
Double-écu espèce de Frédéric III		1	7		6	10	8						930	3808
Écu espèce du même	1658		7		31	10	9	10	9				462	2544
Demi-couronne du même	1660		2	½	22	7	23	8		7	23	½	134	1456
Pièce du même	1667				32	9	12	9	12	1			23	512
Couronne du même	1667		5	½	21	7	20	7	20				272	960
Écu espèce de Christian IV	1648		7		31	10	10						464	1888
Couronne du même	1620		4	½	27	10	7	10	7				301	144
Demi-couronne du même	1624		2		4	10	4	10	3	10	3	½	118	3264
Reismarck ou Cubschmarck du même	1612		2		5	6	22	6	22				85	4064
Couronne de Christian	1625		4	½	27	10	9	10	9				303	2160
Écu espèce de Christian V	1696		7		35	10	10	10	10				467	4064
Double-couronne du même	1675	1	2		7	9	2	9	2				550	1376
Couronne du même	1695		5	½	18	8	2	8	2				278	4032

Suite de DANEMARCK.

Argent.

	MILLÉSIMES	POIDS				TITRE suivant l'Essayeur général.			TITRE suivant l'Essayeur particulier.			TITRE MITOYEN.			VALEUR en grains de poids du marc françois en matière pure.	
		onces	gros	½ gros	grains	den.	gr.	½	den.	gr.	½	den.	gr.	½	grains	de poids
Couronne du même	1699		4	½	13	9	22		9	22					278	2273/4608e
Demi-couronne du même	1694		2	½	27	7	23		8			7	23	½	137	2952
Quart de couronne du même	1693		1		12	9	22		9	22					69	1920
Écu espèce du même	1678		7		35	10	10		10	10					467	4064
Écu espèce de Frédéric IV	1704		7	½	5	10	14		10	14					480	3040
Écu courant du même	1704		6	½	32	10			10						416	3072
Couronne du même	1726		5	½	15	8			8						274	
Pièce d'un marck du même	1717		1		29	7	12		7	12					63	576
Pièce du même	1723		5		24	8	1		8	1					281	2112
Couronne du même	1702		4	½	10	10	10		10	10					278	1536
Triple-couronne de Frédéric V & de Christian VI		1	3	½	22	11	19		11	19					835	1120
Couronne de Christian VI	1731		5	½	14	7	22		7	22					270	2240
Pièce de deux marcks	1645		2	½	17	7			7						115	512
Pièce de 24 schellings	1750		2		32	6	16		6	16					97	3584
Pièce de 12 schellings	1723			½	34	6	15		6	15					38	2976
Pièce de 8 schellings	1730			½	33	6	16		6	16					38	1536
Pièce de 4 schellings	1729			½	13	5	12		5	12					22	2112
Pièce d'un marck	1602		2		7	6	18		6	18					84	4320
Double écu	1747	1	7		7	10	9								939	3696
Couronne	1748		4	½	14	10									281	3072
Rixdaller couronne	1749		7		6	9	22	½							422	1584
Double couronne de Christian IV		1	1	½	18	10	8								604	2304

HOLSTEIN.

Argent.

	MILLÉSIMES	POIDS				TITRE gén.			TITRE part.			VALEUR	
		onces	gros	½ gros	grains	den.	gr.	½	den.	gr.	½	grains	de poids
Pièce de 5 sous	1723		1		2	6	14		6	14		40	2752

RUSSIE.

Or.

	MILLÉSIMES	POIDS				TITRE (carats)			VALEUR	
		onces	gros	½ gros	grains	carats	gr.		grains	de poids
Ducat	1738			½	29	23	8		62	4464
Ducat de Pierre I.er			1		6	18	24		60	4320
Pièce de 2 roubles				½	24	21	24		54	1728

Argent.

	MILLÉSIMES	POIDS				TITRE			VALEUR	
		onces	gros	½ gros	grains	den.	gr.		grains	de poids
Pièce de 4 sous de Livonie					20	9	7		15	2240
Rouble			7		18	8	20		384	1152
Idem			7		10	9	2		389	320
Idem			7		6	10	10		442	3264
Idem			6	½	20	9	18		396	2304
Idem			6	½	18	9	20		398	1152
Idem			6	⅓	24	9	15		394	2880
Idem			7		24	8	18		385	
Idem			7	½		8	17		391	4032
Idem			7		24	8	20		388	3072
Idem			7		20	8	23		391	832

Monnaie	MILLÉSIMES	POIDS onces	gros	1/288me	grains	TITRE suivant l'Essayeur général		TITRE suivant l'Essayeur particulier		TITRE MITOYEN		VALEUR en grains de poids du marc françois en matière pure (grains)	(de poids)
Suite de RUSSIE. — Argent.						den.		den.				grains	de poids
Demi-rouble du Prince Yvan			3		24	9	16					193	1536/4608
Demi-rouble			3		29	9	18					199	288
Idem			3	½		8	18					183	3456
Idem			3		33	9	16					200	2688
Idem			3	½	15	8	22					198	1824
Idem			3		12	9	10					178	4224
Pièce de 24 Kopicks			1	½	16	9						93	
Pièce de 5 sous					21	9	14					16	3552
Rouble	1727		7		30	8	12	8	12			378	1152
Idem	1745		6	½	11	9	12	9	12			379	960
Idem	1733		6	½	15	9	13					384	240
Demi-rouble			3	¼	8	10	10	10	10			225	3200
Kopick					5	6	2	8	2			3	1690
TURQUIE. — Or.						carats		carats					
Sequin Fondoukly				½	29	23						62	1344
Sequin Zeremaboub				½	12	19	24					39	2304
Sequin de Tunis				½	28	21						56	
Pièce de 3 sequins Fondoukly			2	½	17	23	16	23	16			192	4128
Pièce de 2 sequins Zeremaboub			1		26	23	18	23	16	23	17	96	396
Sequin Stamboul				½	29	22	8	22	8			60	1200
Sequin Zingerly				½	29	18		18				48	3456
Sequin Stamboul				½	29	22	16					60	4320
Sequin Zeremaboub				½	13	23	16					47	4512
Ancien sequin Fondoukly			8		27	23	16					590	2016
Sequin neuf de Zeremaboub			8		13	18						441	3456
Sequin Tiflis				½	28	23	16					62	3072
Sequin Touvali				½	28	16	16					44	
Argent.						den.		den.					
Ancien Yzelote de Constantinople			5		9	6	15					203	3312
Double Yzelote de Mustafa III			7	½	15	6	20					316	192
Yzelote du même			3	½	27	7						162	3456
Piastre du même			4	½	30	7	2					208	4416
Para du même					12	6	18					6	3456
Yzelat de 30 parats			4	½	27	6	16	6	15	6	15 ½	194	1800
Abazis ou Sultan			1		29	11	18	11	18			98	4128
Parat					11	6	15	6	15			6	336
Piastre de 40 parats			6		29	6	18	6	18			259	1440
Piastre			6		14	6	9					236	4320
MAROC. — Argent.													
Pièce					15	10	18	10	18			13	2016

	MILLÉSIMES.	onces	gros	½ gros	grains	TITRE suivant l'Essayeur général		TITRE suivant l'Essayeur particulier		TITRE MITOYEN.		VALEUR en grains de poids du marc françois en matière pure. (grains)	(de poids)
MOGOL. *Or.*						*carats*							
Roupie	...		2	½	26	21	28					187	$\frac{3504}{4608}$ es
Pagode au croissant	...			½	28	19	16					52	
Autre Pagode	...			½	28	19	8					51	1536.
Pagode à l'étoile	...			½	28	19	8					51	1536.
Roupie de Dely	...		2	½	22	22	8					187	1248.
Argent.						*den.*							
Roupie	...		2	½	33	11	10					202	2976.
PERSE. *Or.*						*carats*							
Roupie de Mehemet-Seha, d'Ahmet-Seha fils, de Jerouk-Seha & de Seha-Guri	...		2	½	24	23	4					196	2592.
Roupie d'Ahmet-Seha-Agnan, de Nader-Seha & de Seha-Rouk	...		2	½	27	23	30					206	2124.
Roupie de Haffan-Kan	...		2	½	31	20	12					179	600
Roupie de Ali-Seha	...		2	½	23	23	30					202	2172.
Roupie de Mehemet-Seha-Sahabicaran	...		2	½	25	23	30					204	2148.
Roupie de petit Nader-Seha	...			½	29	23	24					64	1488.
Quart de roupie de Kerim-Kan	...			½	15	23	24					50	2160.
Ducat de Seha-Uffein, de Seha-Afcheraf-Agnan & de Seha-Tamas fils de Seha-Uffein	...			½	28	23	24					63	1536.
Roupie d'or de Seha-Soliman	...		5	½	18	23	4					398	4176.
Argent.						*den.*							
Roupie de Seba-Rouk, de Kerim-Kan, de Haffan-Kan, de Seha-Uffein, d'Ahmet-Seha, de Hazad-Kan & d'Ali-Seha	...		3			11	18					211	2304.
Roupie de Mahemet-Seha-Sahabkaran & de Mehemet Seha	...		2	½	33	11	4					198	960.
Roupie de Jerouk-Seha & d'Ismaël-Seha	...		2	½	32	11	4					197	1280.
Roupie d'Ibrahim-Seha & de Nader-Seha	...		6			11	14					417	
Roupie de Soliman-Seha	...		1	½	29								
Roupie de Seha-Uffein	...		1		28								
Roupie d'Adel-Seha	...		1		12								
Monnoie de cuivre valant 3 aspres	...												
PONDICHERY. *Or.*						*carats*		*carats*					
Pagode à l'étoile	...			½	28	19		19				50	3072.
Pagode au croissant	...			½	27	19	16	19	20	19	18	51	1620.
Pagode	...			½	28	18	16	18	16			49	1536.

AVERTISSEMENT.

ON n'a mis qu'en tête de la dernière colonne des Tables antécédentes, de même qu'à celle de la dernière colonne des pages 16, 21, 26 & 31, la fraction entière qui y correspond, & l'on a supprimé le dénominateur dans tout le reste de la colonne pour éviter la confusion. Toutes les sommes contenues dans la même colonne sont des numérateurs du dénominateur exprimé dans la fraction qui est en tête.

INDICATION

Des pages qui contiennent les noms des différens pays dont les Monnoies ont été essayées; & le résultat des essais.

ERRATA.

PAGE 26, à l'Évaluation des espèces d'argent, 3.ᵉ colonne : $\frac{1536}{4008}$, lisez $\frac{1536}{4608}$.

Page 35, à l'Évaluation des monnoies d'argent de Lorraine, 17.ᵉ article, dernière colonne : 116, 512 ; lisez 115, 2688.

Page 42, à l'Évaluation de l'or du Palatinat, 1.ᵉʳ article, 2.ᵉ colonne : 2, $\frac{1}{2}$, 16 ; lisez 2, $\frac{1}{2}$, 3. & 3.ᵉ colonne : 18, 3 ; lisez 18, 16.

Page 54, au 9.ᵉ article, 2.ᵉ colonne : 5, ... 24 ; lisez 5, ...